目次

カネもないのに借金を増やしてどうするんだ
前例踏襲と横並び思考を断つ
金利も返済もない。ランニングコストも安い
常識外れの資材支給事業
「やってみると具合がいいんだ」
一期で「討ち死に」する覚悟
借金が減って、貯金が増えた
「奇跡の村長」の物語
とても人間くさいドラマ

第2章 奇跡の村長、奇跡の村人

二一歳で独立、会社設立
下條村で最初のガソリンスタンド
村議会議員選挙はトップ当選の常連
「サッポロしか飲まん」の謎
「おれの命はもう捨てたも同然だ」

「平成の大合併」にも背を向けて
国策に逆らった村長の系譜
「大人になれる」下條村の人々
柔軟に受け入れた住民たち
「なんかまとまりがいいんだな」
村民が自立（律）を選んだ

第3章 子どもの声が響く村づくり

若い夫婦が住みたくなる住宅
地域に溶け込める人を選んだ
子どもは着実に増えた
「子育てしやすい村」は自主財源から
年ごとに充実する子育て支援策
転職を機に田舎暮らし
子どもが育つのに最高の環境
郷土の伝統文化に触れながら育つ

装幀　ニルソン
装画　谷山彩子

構成　五反田正宏
写真　古谷利幸

はじめに

長野県下條村――わがふるさとは「奇跡の村」

「いやあ、ほんと。村は今、すごいことになっているんですよ！」

テレビ番組やインタビューなどで機会があると、私は故郷・長野県下條村《しもじょうむら》の話をする。

何がすごいのかというと、山と川ばかりの田舎なのに、子どもがたくさんいる。一四歳以下の子どもの比率は、長野県内ではもちろんトップ、東京二三区と比べてもどこよりも高い。人口増加にも成功した。

出生率だって毎年一・八人くらいをキープ、二・〇人を超えた年だってある。全国平均が一・四人を超えたり超えなかったりという状況に比べると、ずいぶん高い。

そして財政の健全度を表す実質公債費比率は全国一位（二〇一六年度）。一七四一市区町村の中での一位だ。この年がたまたまよかったというわけではない。年ごとに健全度が上がってきて、過去数年はベストテンの常連だった。

上位に入っているのは東京都杉並区、東京都江戸川区、東京都江東区……と、ほとんどを東京二三区が占めているのだから、これは常識がひっくり返るような大変なことなのだ。

大きな企業も、これといった産業もない、大都市圏からのアクセスも決していいとはいえない小さな村なのに、子どもがたくさんいる、財政状況もすごくいい、ということから、いつのころからか「奇跡の村」と呼ばれるようになり、全国から自治体、大学、国の省庁、政府の関係者まで視察にやってくるようになった。もう五〇〇団体以上が訪れたという。

あまりにも視察が多くなって、村役場の仕事が滞るようになってしまい、あるときから週に一組、町村の自治体に限って受け入れるようにしたほどだ。

〈過疎の村から「子どもの声が響く村」へ〉

注目を集めるようになった下條村だが、二十数年前までは、お年寄りの姿ばかりが目立つ、ありふれた山村だった。

かつては養蚕で栄えた下條村、昭和二〇年代のピーク時には六五〇〇人の村民がいたのだが、高度成長期になると、ご多分に漏れず都会に出て行く人が増えた。人口は減少の一途をたどり、平成に入ったころには三〇〇〇人台、寂しげな限界集落がぽつんぽつんと残る典型的な過疎の村へとじわじわと近づいていた。

衰退にストップをかけ、村に元気を取り戻したのが一九九二年に村長になった伊藤《いとう》喜平《きへい》さんだ。村でガソリンスタンドや自動車整備工場などを経営していた伊藤さんが、強力なリーダーシップで村を大改革したのである。

伊藤村長が掲げたのは「子どもの声が響く村づくり」だった。

そのために子育て世代向けに村営のマンションをつぎつぎと建てて、一〇棟一二四戸を用意、駐車場二台付き2LDKを三万円台半ばで貸し出した。村の行事に参加すること、消防団に入ることなど条件をいくつか課したけれども、洒落た新築マンションの家賃は周辺自治体のほぼ半分、評判を呼んで若い人口がずいぶん増えた。

子育てしやすい村を目指して、支援策をどんどん充実させていったから、村で生まれる子どもも増えた。

たとえば小中学校の給食費、三〇％補助から始まって今は七〇％補助。医療費は中学生まで無料でびっくりしていたら、今では高校生まで無料化は拡大されていた。保育料も値下げしている。

これなら若い夫婦は安心して子どもをつくることができる。保育園は二度も増築を余儀なくされたほどだ。待機児童はゼロ。


もちろん、こうしたことにはお金がかかる。

そして当然というべきか、当時の村にはお金がなかった。となると普通は「村営住宅をつくります」と国や県に申請して、補助金をもらって建てるものらしい。ところが伊藤村長は、補助金に頼らなかった。その理由など、詳しくは次章から述べていくけれども、徹底的な役場の効率化や経費のスリム化によって、お金を捻出したのである。

ほんのさわりだけ紹介すると、役場職員をホームセンターで研修させて、役人根性を排除したり、生活道路の補修など小さな工事は資材だけ村が用意して、村の住民に汗を流して働いてもらったり。民間企業の経営者として、死にものぐるいで荒波を渡ってきた伊藤さんは、それまでの常識では考えられない施策を繰り出した。

退職者の補充を最低限に抑えて、多いときで五九人いた職員は今は三八人。最少期には三一人まで減ったという。みんな一人三役も四役もこなす。よく「急がず・休まず・働かず」と陰口を言われる公務員だが、これは下條村では当たらない。忙しく飛び回っているから、役場に行っても「人がいないなぁ」と思うほどである。

今の下條村をガイドブック風に紹介すると、長野県の最南端、下伊那郡のほぼ中央に位置する、人口は四〇〇〇人ほどの自然豊かな山村だ。総面積約三八平方キロメートルの七割近くが、山林や原野で、雄大な南アルプスと天竜川の渓谷美を間近に望み、季節ごとに変化する山里の風景が楽しめる。

村の特産物はそばと辛味大根。澄んだ空気の中、広大な畑で収穫されたそばと、辛味成分の多い辛味大根との相性は抜群。とても美味しいので、ぜひどうぞ。

そんな村に子どもや若い人たちの声が響くようになった。そうなるとお年寄りたちも元気になる。伊藤さんが村長を務めた六期二四年間で、村は過疎へ限界集落へと向かう一本道から脱却、村民の明るさも復活したのである。

〈酒屋も農作業も手伝った少年時代〉

私は、一八歳で上京するまで、下條村で育った。

実家は小さな酒屋を営んでいたので、子どものころは学校から帰ると、自転車で酒の配達をしていた。農業もしていたから、田植えや稲刈りも手伝った。

当時、農村の小中学校には「農繁休業」という休業日があって、忙しい時期は手伝いをするために学校が休みになっていた。現代のように機械化が進んでいるわけではなかったから、田植えや稲刈りは、猫の手も借りたいほど忙しい。子どもの手は即戦力として期待されていたのである。

そのくらい農業を手伝うのは当たり前。田舎の子どもたちはみんなよく働いていた。

私の家は店もあり、畑の作業もあったので、両親は早朝から夜中まで本当に休む暇もなく忙しく働いていた。実家にいたころは親の寝顔を見たことがなかったくらいだ。私は男四人兄弟の末っ子なのだが、そんな両親の背中を見て育ったので、兄たちも私も自然に自立心が備わったと思っている。酒屋の手伝いも農作業も、都会で生まれ育っていたらできない経験だった。全部、人生のいい肥やしになって、私の強みになっている。

だが、そんな下條村もずっと過疎化の波にさらされていた。

もしかすると、帰省するたび、寂れてしまった故郷に胸を痛めるようになっていたかもしれない。そうならなかったのは、村長が辣腕《らつわん》を振るって村を大改革したからだった。

さて、その村長、伊藤喜平さんは、実は私の親戚である。私の長兄の奥さんが喜平さんの妹なので、義理の姉の兄という関係になる。

村でガソリンスタンドや自動車整備工場をやっていた喜平さんが、村会議員を経て村長になったと聞いて「へえ、あの喜平さが」と思ったものだ（村の呼び方では「さん」ではなくて「さ」だ)。その数年後、下條村とその村長が全国から注目を集める存在になるなど、そのときはまったく思いもよらないことだった。

〈小さな村でもできる!〉

喜平さん、いや、この本の中では普段通り喜平さと呼ばせてもらおう。

村長になった喜平さから、私は下條村の〝下條村重要無形文化村長〟を拝命した。テレビや雑誌などマスコミで、下條村のことをアピールしてほしいという宣伝部長の役目を仰せつかったのだ。とはいえ当時、下條村をどう宣伝していけばいいのか、あまり展開案が見えなかったというのが正直なところだった。

その後の選挙のときに、親戚の芸能人として、応援のために必勝祈願の色紙を書いては送っていたくらいで、村長の様子を注視していたとはいえない。だが、あるとき『週刊ダイヤモンド』だったか『日経ビジネス』だったか(うろ覚えですみません)経済誌に「峰竜太の村が変わった」みたいな記事が載った。

これにはびっくりした。下條村は職員に意識革命を図り、住民にも汗を流してもらった。「若者定住促進住宅」を建てて、子育て支援策を充実させた。その成果が現れ始めている、といった内容だった。

小中学校の同級生がずっと村役場に勤めていたので、そちらからも喜平さの改革やその成果といった話が、漏れ伝わってくるようになってきた。

今では副村長を務めている宮島俊明《みやじまとしあき》くんだ。こちらもいつものように「俊明くん」と呼ばせてもらうことにする。

役場の中の人、俊明くんからいろいろ聞くと「なんてすごいことをやっているんだ」と感心した。何より誇らしかった。

〝下条村重要無形文化村長〟として私は一肌も二肌も脱ぐことにして、テレビやラジオの番組、雑誌のインタビューなど機会があるごとに、下条村を話題にしてきた。

「今、僕の村はすごいことになっているんですよ」と、あちこちで宣伝してきたつもりなのだが、いつのまにか下条村の存在が大きくなって、視察とか取材とか殺到するようになったのは、先にも書いた通り。

今や、下条村を取り上げるときに呼ばれる峰竜太《みねりゅうた》、みたいになっている。という冗談はともかくとして、健全財政と全国有数の高い出生率で、ずっと注目を集めている。

下條村に帰るたび、俊明くんとは必ず会って、村の話題をいろいろと教えてもらっているのだが、村の取り組み自体は派手さはなくて堅実だ。「小さな村だからできる」という意見もあるけれども、「小さな村でもできる」のだ。


二〇一六年七月、喜平さは六期二四年務めた村長から退いた。

「これを機会に、じっくりと話を聞かせてください」とお願いしてみた。膝を突き合わせてあれこれ聞いてみたら、想像もしなかったことばかりで、とてもおもしろかった。


村を消滅させないためには変えざるを得ない、変わらざるを得ない、そんな切羽詰まった中での決断とか行動とか、渦中にいた人の体験に圧倒されたのだ。

この本は、そのときの話が元になっている。ちょっと僭越《せんえつ》かもしれないけれども、下條村の話には、待ったなしの少子化や高齢化が進んでいくこれからの日本に向けて、ヒントがたくさん詰まっているように思っている。

第1章　カリスマ村長

〈僅差の勝利〉

村長になる前、喜平さは村会議員を通算で三期務め、議長にも就いている。そのころから村役場の職員たちの仕事ぶりを手厳しく批判していた。

「要するに仲良しクラブ。時間が来れば終わりの公務員体質でスピード感覚やコスト意識がない。前例踏襲主義で、チンタラやっていればクビにはならない。そんなのが当たり前だった」

「村長になったら、そんな仕事のやり方は許さない」——そう公言していたのだから、村役場の職員たちは、「伊藤さんが村長になったら何かするだろう」と戦々恐々だった。

職員には家族もいる。妻・子だけではない。代々、村に住んでいる人が多いから、親も村民なのだ。伊藤村長になると「息子がクビにされてしまう」と、激しい反発が起こった。

もともと下條村は政治に関心を持つ人が多い土地柄だ。しかもそのころは自民党の中島衛《なかじままもる》氏と社会党の串原義直《くしはらよしなお》氏が、衆議院議員選挙のたびに激しい選挙戦を繰り広げていた。「保守と革新の対決」という構図だから村長選挙もその代理戦争になる。県会議員も組合の運動家も応援に乗り込んでくるわけで、両者が真っ正面から激突していたのだ。

そんな下條村でも、このときの選挙は語りぐさになっている。「伊藤」陣営に対する強力な対抗馬は、村議の経験もあり教育長を務めていた小池恒久《こいけつねひさ》さん。文字通り、村を二分した選挙だった。

道の角に見張りが立って相手陣営につかないよう村民をチェック、固定票を固める一方で、わずかな浮動票を奪い合って死力が注がれた。

職員組合には長野からも応援が来たという。南北に長い長野県では、下條村は南信と呼ばれて文化圏も岐阜や名古屋に近い。北信の長野からだと距離的にも下條村より東京のほうが近いくらいだから、わざわざ出向いてくるというのはよくよくのことだった。

選挙戦は過熱するけれども、実弾（現金）が飛び交うような不正はまずないのだという。露骨な買収とか利益誘導よりも信念や理屈で押しまくるのが下條村らしい。

そして選挙当日。三〇〇〇人ほどの有権者で投票率は実に九六％以上。喜平さ一四七〇票、小池さんが一三七二票。大接戦の末、わずか九八票差で喜平さが勝った。インパクトは強烈、村は文字通り「ひっくり返った」のだった。

〈選挙で掲げた「子どもの声が響く村づくり」〉

喜平さが村長に立候補したのは、「このままでは確実に村が消滅してしまう」という危機感からだった。これといった産業がなくて、あるのは山と川ばかりという下條村だ。財政のピンチもさることながら、このまま少子化・高齢化が進んでいくと年寄りだらけ、限界集落だらけになるのは明らかだった。

「でも、誰もそれを直視しない。見たくないんだ。役場も今までやってきた仕事を同じようにするだけ。国や県から下りてきた補助金を当てはめていくだけだった。村民のための仕事じゃない。このままでは年寄りだけの村になって、そのうち誰もいなくなる。村の子どもを増やさないとどうしようもないのに、誰も何もしてなかった」

だから、選挙で喜平さが掲げたのは「子どもの声が響く村づくり」だった。

村に若い夫婦、子育て世代に住んでほしい。住んでもらうには住宅が必要だが、建てるためにはカネがいる。カネを捻出するにはどうする？

当時はバブルがはじけて、国や県から下りてきたお金が急減していたころである。人口も減る、カネはない。それなら徹底してムダを省かないとしかたがない……というわけで、さまざまな策を打ち出していくのだが、喜平さは「非効率的な仕事ぶりが目に余る」と、村役場を真っ先に槍玉に挙げたのだった。

村の選挙だから人間関係のしがらみもある。親戚に役場の職員がいればそっちの味方をしても不思議はない。それでも改革派の喜平さが当選したのは「このままじゃいけない！」という呼びかけが、村民の耳に届いていたことになる。

それに喜平さの実績には説得力があった。

村会議長のころ、下水道の整備事業で国や県の方針に異議を唱えて、三五億円以上も節約したことがあったからだ。後でまた詳しく説明するけれども、都市部と同じような下水道を、国や県の補助金と借金でつくりなさいという「お上」のおすすめプランに、喜平さは異議を唱えた。村には合っていない、村人のためにならないという確信から同僚の議員たちを説得、小さな山村にぴったりの方法で下水道を整備したのである。


これでイニシャルコストだけで三五億円、将来のメンテナンスまで含めるともっと浮かせたことになる。

「改革はその気になればできる」「おれたちもできる」と思った村民は少なくなかったのだと思う。「イエス・ウィー・キャン」をキャッチフレーズに、アメリカでオバマ大統領が登場する一七年も前のことだ。

〈周囲は〝敵〟だらけ〉

村民の支持があったとはいってもわずか九八票差である。職員たちは「反伊藤」で固まっている。村長になって役場に入ると、予想通りに激しい反発と抵抗が待っていた。

喜平さの前に四期務めた村長は助役出身、ずっと役場で行政の仕事をしてきた人だったから、「役場には役場のやり方がある」と熟知していたし、尊重してきた。変えようとか壊そうなどとはしなかった。だから職員もみんな「今までやってきた役場のやり方が正しい」と思っていたのである。

それに対して喜平さは民間出身、一八歳で運送会社に就職して以来、一心不乱に働いてきた。村で最初のガソリンスタンドを開いたり、自動車整備工場をつくったり、厳しい商売の現場で事業を広げてきた筋金入りの経営者。ありていに言えば中小企業のオヤジだ。

村会議員になって中小企業の経営者の目で見ると、公務員の働きぶりは何とも生ぬるい。ずっと業を煮やしていたのである。

「もたもたした人ほど、残業手当がついて給料が高いの。てきぱき働く人ほど安い。どこに異動になっても、ちんたらやって残業する。当時はそれが当たり前、役場の文化だったんだな。そんなので効率が上がるわけない。かかった時間は全部コストだという意識がぜんぜんない。いやあ、ひどかった」

「伊藤さんの言うことも一理ある」と思っている職員もいないわけではなかった。でも、やはり「今までのやり方が正しい」と信じている人が多数派だ。ちゃんと役場は回ってきたではないか、何が問題なんだ、平穏な職場を乱されたくない——村議時代の強烈なリーダーシップを十分知っているだけに、職員たちにはそんな思いが渦巻いていたのだろう。

さっそく職員組合から労働条件についての申し入れ書を突きつけられた。要するに「今までと同じように職員を扱いなさい」という要求だった。

書面を渡して立ち去ろうとする組合員たちを喜平さは呼び止めた。その場で目を通して「これは検討する」「これは受け入れられない」と即断即決。気迫とスピード感で圧倒されたのか、その後、組合側からは何も言ってこなかったそうだ。

〈職員全員を民間研修に〉

「あいつは何かやるだろう」という予想が現実になった。

就任して半年後、職員全員を交代で民間企業へ研修に出したのだ。地元・長野県を中心に展開しているホームセンター、綿半ホームエイドの店頭で物品販売をさせたのである。

目的は職員の意識改革だった。

「とにかく一般社会の〝普通〟を感じてくれ、という一心だったな。あの時分の公務員はどうしようもなかったから。本当に」

と、喜平さは今でも語気が強くなる。

そもそも研修を発表しただけで大騒ぎになった。

「何でわれわれがそんなことを経験しなくてはいけないんだ」という声も上がった。

今でこそ公務員の民間研修は不思議でも珍しくもないけれども、その当時はそんな発想はなかったようだ。長野県の担当者から「そんなことさせるんですか？　民間企業で物販なんて、地方自治法に触れる恐れがありますよ」と電話がかかってきたが、喜平さは「任命権者の私の責任で行います」と押し切っている。

職員組合の上部組織からも抗議にやってきた。どんなに激しく迫られても一歩も引かず、「庁舎管理者の権限として、勤務時間内の立ち入りを禁止する」とピシリと告げて、妥協のかけらも見せなかった。


紆余曲折はあったけれども、一九九三年一月から二月にかけて、職員全員が物販の現場に立った。ムダを省くには効率のいい仕事を体験させるという狙いから、あえて予算編成で忙しいこの時期に実施したのだ。

若い人から年配の役職者、助役、教育長まで六〇人近くいた職員が、店頭で販売員になったのである。五～六人ずつ一週間、村長以外の全員が行った。

綿半創業の地は下條村の隣、飯田市だ。慶長年間というから四〇〇年以上も昔、綿屋から出発して、戦後になると金物店などの小売業に進出、今ではホームセンターやスーパーのほか、建設事業や貿易事業まで手がける地元の有力企業である。

「綿半は若いころから憧れていた会社だった。早くから高校進学希望者への支援をするとか地域貢献でも光っていた。社員教育も行き届いていて、研修に行かせるならあそこだと思っていた。村長になってから、下条村出身の役員に直接、お願いしたんだ」

研修先は綿半ホームエイド飯田店。寝具、家具、宝石、家庭用品などの売り場が、八階建てのフロアーに分かれた大型店だ。職員は各フロアーに一人ずつ配置されて、接客のしかたや商品知識などを教わりながら一日中、店頭に立った。

毎朝、売上目標が示されて、一日が終わると売上についての会議になる。接客態度が悪いと叱られる。売上が目標に達しなければ、翌朝までに原因をレポートに書かないといけない。これは役場ひとすじでやってきた職員には、大変なショックだったようだ。それが喜平さの目当てだったのだが。

「この研修の様子がテレビなどマスコミでも取り上げられ、うかうかしていられないということで職員の意識も大きく変わった」

〈若い職員のやる気が出た〉

私の小中学校の同級生、俊明くんは当時四一歳。教育委員会で係長をしていたそうだが、もちろん綿半ホームエイドの店頭に立った。

「行政の仕事とはぜんぜん違う、というのがわかった。どうお客様に接するか。売上目標に向かって、いかにして売るか。民間は違うと」

職員はみんな、大きなカルチャーショックを受けた。

頭では理解していても、体験するとまったく違う。俊明くんもほかの職員たちも、喜平さがたびたび癇癪《かんしゃく》を起こして叱り飛ばす理由がわかってきた。

「効率」という意識が、芽生えてきたのである。それまでは「村民に向かい合う」も「コスト」も、喜平さが言っている意味がイマイチ伝わっていなかったのかもしれない。

「八割がたの人は変わった」と喜平さは振り返る。

「あれが効いたな。研修してから目の色が変わった。外の世界を見たことで意識が変わって、やる気が出たんだ」

俊明くんも「おれが見ていても、ああ、変わってきたなと思った。とくに若い職員のやる気が出た」と言っている。

「やっぱり若い人たちのほうが順応性がある、変化についていけるんだと思った。『住民に必要なこの仕事からとりかかろう』『こういう仕事もあるんじゃないか』とか、あるいは『これは本当に住民にとっていいのだろうか』など、自分たちで考えるようになってきたかな。そんなふうに順応するのは、若い人が早かった」

ショック療法には即効性があった。しかも、じわじわと長く効いた。気がつけば職員の考え方が変わっていたというのである。

従来の仕事の進め方だと、国や県から「こんな仕事をしなさい」「これをつくりなさい」と補助金付きで仕事が下りてくる。それを実施するために計画をして、管理していれば済んだ。それが自分たちで何が必要か考えて、自分たちで実行しようじゃないか、となったのだ。

もっとも、その変化にはっきりと気がついたのは、一〇年近く経って振り返ってみたときだったそうだが、きちんと意識改革が根付いていたから、何年か経った後も職員の考え方は、前向きでブレていなかったのだ。これはやっぱりすごいことだと思う。

〈「刺すか刺されるか」の覚悟で〉

とはいえ、職員のみんながみんな、順応できたわけではなかった。年配の人、五〇過ぎた職員は「やってられるか」という思いが強かったようだ。定年が近い人は、ちょっと早めに辞めていったらしい。

東京にいる私のところにも「村長が職員と激しく対立している」という噂が聞こえてきたのはこのころだったと思う。小さな村だし、役場で幹部職員になっていた親戚もいたから、いろいろと耳に入ってくる。

「民間の厳しさはわかったけれども、役場の仕事とは違う」「村長の自己満足だ」「ガミガミ言われて、職員は萎縮するばかりだ」などなど。「職員も変わったというけれど、蹴っ飛ばされそうな剣幕でギャンギャンやられたからだ」なんていう声もあった。

本当のところはわからない。

でも、何か大変なことが起きているらしい、と思っていた。喜平さが「刺すか刺されるかだ！」と覚悟を決めて取り組んでいるとも聞いた。
どちらにも言い分があるのは当たり前だが、喜平さはひるむことなく、強引に押し切っていったのだった。

退職者が出ても補充しなかった。もっとも、この職員の不補充は、喜平さが言い出したのではないという。意識改革が進むうち、職員も「人が多かった」と気づいたのだ。

六〇人ほどいた職員は、一時期、三二人まで減った。学校給食の調理師さんとか公園管理といった現場の人たちは、定年と同時に嘱託に切り替えていった。どうしても足りなければ、民間から中途採用した。

「民間人が役所の組織の中に入ってくると、周りに与える影響が大きいんだ。四、五人も入ると、がぜん組織がフレッシュになった。民間で鍛えられたやつは、コスト意識があるし、いつクビや倒産になるかわからないという危機感を持っとるから」

俊明くんに聞くと、現在（二〇一七年三月）では、少し増えて三八人（嘱託を含めると六二人）で、人口一〇〇〇人あたりの職員数は八・七二人。総務省の資料では類似団体の平均が一七・六二人だというから半分を切っている。

職員を減らしたことで、人件費は大きく下がった。給料に退職金の積み立て部分まで含めると正規職員一人あたり年間七〇〇万～八〇〇万円ぐらいかかるのだそうだ。だから、二〇人違うと一年で一億五〇〇〇万円くらい節約できる。それが二〇年続けば三〇億円になるのだから、少数精鋭の意味は財政的にもとても大きい。

〈ワンマンで強権、しばしば理不尽〉

若手（だった）職員に聞いてみた。

「退職者が多かった年に、八年ぶりに事務職員に採用されて新卒で入りました。その後は一〇年くらい新規採用がなかったので、ずっといちばんの若手です。『ひょっとしてずっとこのままで、もう採用はないのかもしれないのかな』と思ってました」

そう言って振り返るのは、私の甥、齋藤充《さいとうみつる》である。小さな村だから、友人、親戚、顔見知りがどこにでもいる。彼が役場で勤め始めたのは、伊藤村長の二期目が終わって三期目がスタートする年だった。

「ちょうど定住促進住宅がどんどん建っていくときでした。最初は、振興課建設係で村営の定住促進住宅の担当。先輩に教えてもらいながら、入居者の選定だとか、メンテナンスだとか、ときには住居料（家賃）の催促っていうのをやっておったんです」

後でまた詳しく述べるけれども、定住促進住宅は下條村の人口増、子ども増政策のキモだ。今では一一棟になった集合住宅だが、そのころは二棟目、三棟目といった段階で、建物も人口もじわじわと増えていくところだった。

一方、事務の職員は減ることはあっても、増えることはなかった。誰か職員が退職すると、玉突きのように異動する人が出る。すると担当者がいなくなってしまう仕事が出てくるから、一人が持っていた仕事を分散するのである。

「そのころは、ゆるくもないんだろうけど、まだ人がたくさんおったかな。もともと持っている仕事に、そうやって別の人がやっていた仕事が加わる。まぁ『やれ』って言われるわけです。そういうもんかなと思ってました」

一〇年くらい新人の入ってこない万年新人のようなポジションで、職員が減るたびに仕事が増えていったけれども、学生時代はラグビーで鍛えたという大柄な体で、大らかに受け止めて頑張ってきた。振興課で商工・観光の担当を経て、今は福祉課にいるという。

少人数ゆえの職場の風通しのよさは気に入っているらしい。

「何かやろうと思ったとき、ハンコは課長、副村長、村長の三つですね。村長が不在のときもけっこうあるので、二つでいいときも多かった。風通しはすごくよかったと思います。壁がなくてスーッと進む感じで」

伊藤村長の下で苦労したことは?

「よく叱られましたね。担当外のことでも『おい、これはどうなっとるんだ?』と容赦がない。ドキドキしながらやっとったと思う。叱られる理由がよくわからないこともけっこうあった。そうそう、『おめーとう、あれを見て何とも思わんのか』って言われて、そのまま草刈りに走るとか。村の土地でも施設でもないところなんですが(笑)」

職員は誉めないというのが、喜平さのキャラクターだったようだ。

「結婚式のスピーチぐらいですよ。『なかなか頑張っとる』と若干誉められたのは」

最近、流行りのアドラー心理学によると、「誉めてはいけない」のだそうだ。対等な関係をつくるためにはよくないらしい。「よく頑張ったな」などと誉めることで、依存と支配というタテの関係ができてしまうからだというが、喜平さにそんな理屈があったわけではないだろう。結果として、戦々恐々としていた職員が依存するようになってはいない。

ワンマンで強権、しばしば理不尽ではあったけれども、そのくらい厳しくしたから役場の意識改革ができたと言えるのだと思う。

「少数だから精鋭になる」

職員数が減ったからといって、住民サービスがおろそかになったりするのは、喜平さのポリシーとして許さない。だから一人の職員が、一・五役とか二役は当たり前、ときには三役以上をこなすことになる。

それでも残業が激増するとか、激務のあまり人が倒れるようなブラックな職場にはならなかった。それというのもそれまでは「自分がヒマでも、隣の仕事には手を出さない」のが公務員の常識だったかららしい。

職員が一〇〇人いれば一〇〇人なりのやり方で仕事をするし、三〇人ならば三〇人なりのやり方で仕事をする。要するに、それまでは一人〇・三役とか、〇・五役だったのである。民間出身の喜平さの目には、仕事に比べて人数が多すぎる、と映ったのも当然だった。

だから縦割りに細かく分かれていた役場組織を総務課・振興課・福祉課・教育委員会の四つに統合して、何役もこなせるようにした。

二役でも三役でも、やってみるとできた。優秀な人は、休みも取るし何役もこなすようになったのだ。その一方で、残業する人は人事異動でどこへ行っても残業するそうだが、まあ、組織というのはそういうものらしい。

みんな一生懸命に働いているように見えるアリだって、二割くらいは何もしていない連中がいるそうだし、人間だって働き者ばかり集めて組織をつくると、二割くらいは怠けるようになってしまうという。

それでも大多数がテキパキと働くようになると、役場の雰囲気は格段に変わった。

「少数精鋭というのは、少数の精鋭を集めるということじゃない。少数にすれば精鋭になるんだ」というのが喜平さの持論である。

職員の数を減らしていくと、ムダな仕事なんかつくっていられなくなる。どうしてもしなくてはいけない仕事から優先して、テキパキと進めるようになる。仕事に優先順位をつけていると「これは不要」と見きわめもできるようになるわけだ。

「職員はみんな優秀なのに、能力を生かせずにいるだけだ。これは目の色を変えて働くような仕事をした経験がないためで、彼らの責任じゃない。行政トップの責任だ」

ギリギリの人数で工夫しながら仕事をするのは民間企業なら当たり前。でも行政組織は仕事量には関係なく大きくなり、公務員は増え続けるものとされてきた。喜平さが村長になって、まっさきに打ち壊したのが、その常識だった。

たしかに強引ではあったのだろう。強力なリーダーシップが炸裂して、役場の意識改革は着実に進んでいった。

カネもないのに借金を増やしてどうするんだ

職員の意識改革を進めながら、喜平さが手をつけたのが「おカネ」の問題だ。

「村長になったときで四〇億円くらい、恐ろしいほどの借金があった。そのころの税収は六億円くらいだから、お話にならない。補助金が出るからといってその気になって、施設の整備だの開発計画だのでどんどん膨らんでいったんだ。でも、バブルがはじけたらもう国も出さない。とにかくカネがないのに『今までやってきたんだから、なんとかなる』とみんな思っていた」

かつては自治体が少々赤字だろうが、国からどんどんお金が回ってきた。都会に比べて貧弱なインフラを整えるという大義名分があったから、国は補助金などをつけて、施設の整備に誘導したわけだ。これがいわゆる公共事業、公共投資。

その一例が、先に少し触れた下水道の整備事業だった。

汲み取りトイレが水洗になるのだから、村民も大歓迎である。国や県は、建設省（現・国土交通省）が補助を出す公共下水処理か、農林水産省が補助する農業集落排水（農集排）処理という二つの枠組みのどちらかで整備するように推進していたのだそうだ。

どちらを選ぶにしても巨額の費用がかかる。工事期間も長期化する。村中の道路を掘り返して下水道管を埋め、すべてが合流した末端に下水処理場をつくってきれいにしてから川に流すという大工事になるからだ。

下條村のような小さな自治体には、とても手が出せないような大事業だが、国が事業費の半分を補助し、残りは政府系の金融機関が貸してくれるという仕組みがあった。だから日本中の自治体が、お互いに張り合うように下水道事業に取り組んだ。

一時期、ゴルフやスキーなどで地方で出かけると、どこでも下水道工事が行われていたような印象があったのは、そういう事情だったのか。


当時、村会議長だった喜平さは、議会の下水道委員会の委員長も兼務していた。

「下條村も農集排事業で計画されていた。試算してみると四五億円。半分を補助金、残りの半分、つまり二二億五〇〇〇万円を借金して三〇年間で元利均等償還にすると、ちょうど倍になって四五億円を返すことになる。何のことはない、ちょうど補助金分が消えるんだ。しかも返し終わる時分に大規模なメンテナンスが必要になるわけだ」

喜平さは「計画はあまりにもずさんすぎる」と異を唱えた。山と谷ばかりの地形に集落が点在する下條村には、公共下水道も農集排もまったく適していなかったからだ。

「上水道なら圧力をかければ山を越え、谷を越え、どこでも引っ張っていける。橋に平行してパイプで露出させてもいい。だが、下水道はそうはいかない。固形物も流れるんだから。深さ一メートル以内でほとんど水平に暗渠《あんきょ》をつくって、水がいつも溜まっている状態の『押し水』で流してやらないといけない」

住宅が密集する都会ならいざしらず、家と家がえらく離れている田舎で下水道の暗渠を引っ張り回すのは大変だ。しかも川を越えるにはドーンと一気に落として地下に溜めてポンプアップする必要があるという。

山間に集落が点在し、深い谷底を天竜川が流れる下條村でそんな工事は、イニシャルコストだけでも、ものすごく費用がかかるし、メンテナンスまで考えるととても現実的ではない。ランニングコストは未来永劫アップし続ける。補助金と借金で工事ができるといっても、これ以上借金を増やしてどうするつもりかと疑問をぶつけたのだ。

「下水整備に先立って、下條村では一九八五年から上水道を約三〇億円かけてつくっていた。半分は補助金、あと半分が借金。カネもないのに借金を増やしてどうするんだ？　当時の村長にも考え直せと直談判したんだが、『周りはみんな農集排でやっている』と、まったく聞いてもらえなかった」

〈前例踏襲と横並び思考を断つ〉

そもそもトイレの水洗化など生活排水を処理する方法は、先の二つだけではない。厚生省（現・厚生労働省）が所管する合併浄化槽という第三の道がある。

これは一軒に一基、浄化槽を地下に埋めて設置するもの。トイレも生活排水も、ひとつの浄化槽で処理するので「合併」浄化槽だ。処理された水はそのまま従来の下水に流せるから、村中を掘り返して暗渠工事をしなくても済む。したがってイニシャルコストが圧倒的に安い。メンテナンスは各戸で必要だが、大がかりなものではないからランニングコストの点でも有利である。

合併浄化槽が計画に上がらなかったのは、周辺の自治体が採用していなかったことが大きかったようだ。近隣がみんな公共下水道とか農集排で立派な下水道をつくっているのに、何でウチだけ合併浄化槽なんだ。まがい物の〝なんちゃって水洗化〟みたいでなんかカッコ悪い、というプライドが邪魔をしていた。

「お隣の村がやるとウチもやらなきゃしょうがない。それでみんな借金ばっかりになって失敗しているんだ」

喜平さは、同僚の議員から説得して回って農集排事業に待ったをかけ、一年間かけて合併浄化槽と比較、検討することになった。

合併浄化槽が有利なのはコスト面だけではなかった。農集排の下水管工事は集落単位になるので、住民の六〇％以上の同意がないと工事を始められないそうだが、これが一筋縄ではいかない。工事予定を村で勝手に決めてしまうわけにはいかないから、工事の長期化は避けられない。

一方、合併浄化槽は一軒ごとに埋設工事をするだけなので簡単だ。

しかも、高低差のある村中の地下に下水管を張り巡らすとなると技術的に難易度が高くて、大手の専門業者にしかできないのだが、合併浄化槽なら穴を掘って埋めるだけ。村の業者で十分に可能である。

〈金利も返済もない。ランニングコストも安い〉

一年かけて理詰めで周囲を説得していった結果、下条村の下水整備は合併浄化槽でいくことになった。

「総事業費は九億円かからなかった。当初の試算額、約四五億円に比べると五分の一以下で済んだことになる。内訳はというと村がだいたい二億六〇〇〇万円ほど出して、国と県がそれぞれ約二億三〇〇〇万円。住民負担が約一億八〇〇〇万円だった」

喜平さは数字に強い。一軒あたりの負担額は一八万円で、快適な水洗トイレを設置できたんだ、と胸を張る。

しかも借金をしていないから金利も返済もない。この金額は一年だけで、翌年以降の出費はないのである。

ランニングコストを見ても、近隣の自治体では一戸あたり年間約一二万円かかっているのに対し、下條村では五万円を切っているというから格段に低い（さらに近年は保守点検や清掃にかかる費用の二分の一～三分の二を村が補助するようになったそうだ）。

村の財政に大きく貢献し、村民の財布にやさしい――合併浄化槽にしたことは大正解だった。

議会の仕事とは、基本的に行政のチェックなのだそうだ。つまり、役場が住民たちのためになるよう、きちんと仕事しているかを確かめるのが議員の仕事。でも、傍観者になっている議員もいる。みんなが顔見知りなだけに、なあなあになることも多かった。

思い切った改革は村のトップにならないとできない。行政の常識にとらわれて、前例踏襲と横並びでやっていたのではダメだと、喜平さは村会議員を務めているときに確信したのだ。

激烈な選挙戦を制して喜平さが村長に就任したのは、合併浄化槽でいくことが決まった翌年だった。

「合併浄化槽は、野菜を洗って砂をじゃーじゃー流し込んだり、天ぷら油を流したりすると二～三年に一度くらい汚泥を引き抜く必要が出てくる。これには二万～三万円かかるんだが、管理がよくて八年間も汚泥引き抜きなしでやってきた家もある。まさに自己管理、自己責任なんだ」

各家庭の管理の下、ていねいに扱えばそれだけ安上がりになるのだと、喜平さは、行政任せにしないで、住民たちも自分たちのこととして一役買うことの意義を強調する。

それをはっきりと示したのが、次に紹介する資材支給事業だった。

〈常識外れの資材支給事業〉

小さな村だから、職員たちがテキパキと働くようになってきた様子は住民たちにもよくわかった。役場ではいつも椅子に座っていて何をしているのかわからなかったような人たちが去って、少数の職員が席を温める暇もなく動き回っている。

「職員が忙しく働いたから、村民もその気になった」と喜平さが言う。

村長就任後、新たに始めた資材支給事業のことだ。

これは「農道や林道、生活道路などの小規模な工事は、資材は村が支給するから、労働力はみなさんでお願いしますよ、自分たちでやってくださいよ」というもの。

今までは役場が業者に発注していた工事も、小規模なものは住民が自分たちで行うという常識外れの施策である。「行政がやるべきことと、住民にやってもらうことを明確に区別する」という宣言だった。

もちろん国の基準でやらないといけない幹線道路などは村が担当する。でも、軽トラックが通れればいいような幅二〜三メートルくらいの道、自分の家から田んぼまで行くような道は、村が資材を準備するから集落ごとに自分たちでやってくださいね、と突き放したのである。

村には農作業のかたわらで土木・建設工事の経験のある人が多い。重機を持っている人もいる。下條村の住民なら「このくらいなら十分できる」と喜平さにはわかっていた。

要するに「職員を減らすから、村のみなさんにも手伝っていただきたい、汗をかいてくださいよ」と、住民にも意識改革を求めたのである。

最初はやはり抵抗された。

「今までは税金でやってもらえたものが、なんでおれたちがやらなきゃなんねぇんだ?」と、住民が猛反発したのだ。喜平さが「月の出ていない夜道を歩くのは物騒だった」と述懐するくらい、激しく抵抗されて住民と険悪になった時期すらある。それでも動じない。

「地域のボスを連れてきてワイワイやられたが、気にとめなかった。『あと三年すると新しい村長さんが出てくるで、その人にやってもらいなさい。でも私が村長のときはダメですよ』と言ったんだ。半月もせんうちにまた同じメンバーで来て『やる』と（笑）」

住民たちが「やってみよう」と思ったのには理由があった。

役場に「道を直してくれ」「工事してくれ」と頼むと、それなりに時間がかかるものだ。ちょっと砂利を敷くだけならともかく、コンクリートで舗装するとか水路を補修するとかを頼んだら、計画なり設計なりして土木の会社に発注するわけだから、一か月や二か月はかかってしまう。その間、通勤・通学や農作業の不便をがまんしなくてはいけない。

もともと小規模な工事ほど、要望がたくさん寄せられる。でも、予算は限られている（しかも乏しい）から、大きな工事が優先されて、後回しになってしまうのだ。

議員を連れて役場に行って圧力（？）をかけても「前向きに考えましょう」などと言われて、いつのことになるやらわからない。だったら、自分たちでやったほうが早い、とみんなが気づくのにそれほど時間はかからなかった。

住民にとっても「自分たちでやるならすぐに砂利でもU字溝でも手配しますよ」という仕組みは、好都合だったのである。

〈「やってみると具合がいいんだ」〉

下條村には昔から「お役《やく》」と呼ばれる行事があった。集落ごとに農道の周りの草を刈ったり、溝をさらえたりする共同作業だ。呼び方は違っても、農村・山村では同じような行事があると思う。

資材支給事業は、いわばその「お役」の拡大版、現代版となった。村から支給された材料を使ってちょっと頑張って作業をすると、けっこう自分たちでできる。これはいい！　と住民も気がついたわけである。

最初のころは、砂利を敷くだけのような簡単な作業だったようだが、すぐにコンクリートで舗装するとか、水路を補修するとか本格的な工事へとグレードアップしていった。

具体的には、集落単位で「どこそこの農道をコンクリートで舗装したい」「水漏れしている水路をU字溝で補修する」などと、工事予定の日も含めて役場に申請してもらう。対象になるのは三戸（受益者が三名）以上いる村道や農道、水路の整備だ。

集落ではあらかじめ回覧板を回すなどして、みんなが参加できる日どり（土曜が多いそうだ）を調整しておく。役場では現地を見て内容を確認すると、必要な資材を日程に合わせて手配する。

当日は、工事に慣れている人が中心になってみんなで作業をする。一〇〇メートルくらいコンクリートで舗装する程度なら、半日もあればできてしまうのだそうだ。以前なら一～二か月かかっていたような工事も、自分たちでやれば、役場に申請してから一～二週間で完成してしまう。

集落の世話役をしている長老が言う。

「最初は村長に文句を言ったんだけどな、やってみると具合がいいんだ」

以前は、砂利道を軽トラックで走ると轍《わだち》ができて、道の中央部分だけ盛り上がって草がぼうぼう生えていた。デコボコして子どもが自転車に乗るのも危ないくらい。そんな道も自分たちでつぎつぎと舗装していった。たちまち年中行事のようになって、「工事が必要なところはないか」と探すくらいになった。

一回それでうまくいくともう文句を言わなくなった。よその集落で道がよくなっていけば、自分たちのところもやってみようか、となる。

長老が秘策を教えてくれた。

「難しいことを言うやつもいたんだけどな、そいつの使う道からつくってやるんだ。いっぺんで文句を言わなくなる（笑）」

自分たちで手がけるようになると、みんなやる気になるものらしい。今や土曜日になると村のどこかで作業しているという。

建設業に携わった人が多いから、重機を持っている人もいる。「おれがやるぞ」というプロもいる。集会なんかでは口下手で発言できないけれども、そういう作業をやらせるととたんに張り切る人もいるそうだ。

役所任せにするのではなく、自分たちで汗を流しながら、自分たちの村を住みやすくしていくことができるのだと、住民たちは資材支給事業によって気がついたのだ。

予期しない効果もあった。集落のコミュニケーションがよくなって一体感が出てきたのだ。作業で力を合わせて汗をかいた後、「いい道ができたな」と言いながらみんなで飲むビールはとてもうまい。これはよくわかる。みんながぐっと仲良くなれる。

後の章で説明するように、下條村は移住してきた人がたくさんいる。

若い夫婦、子育て世代に定住を呼びかけたからだ。集合住宅は周辺の道路なども整備されているので対象外だったそうだが、戸建ての住宅や分譲地に家を建てた人は、やはり共同作業に参加することになる。

そんな人たちにとってもコミュニケーションを図る格好の場だった。お互いに打ち解け合う、とてもいい機会になったのである。

これはよくわかる。通りいっぺんの挨拶と天気の話ばかりしているよりも、自分たちが使う道を一緒につくるほうが、ずっと早く仲良くなれるものだ。

引っ越してきた人は、最初はびっくりしていても、教わりながら作業しているとすぐに慣れた。しかも地域に溶け込めるような柔軟性のある人が移住するような手を打っていた。その話もまた後の章で。

〈一期で「討ち死に」する覚悟〉

「村にはまったくカネがない。このままでは何もできないうちに教育とか福祉にかかる費用までばっさり削らなくてはいけなくなる。自分たちが置かれた条件の中で生き延びていくには、ほかに手がなかったんだ」

喜平さが背水の陣で始めた資材支給事業は、下條村に活気と〝財布の余裕〟をもたらした。俊明くんが資料を調べてくれた。

「伊藤村長が在職中の二四年間で一六〇〇か所以上。五年目あたりからは年間一〇〇か所を超える年もあったね。近年は整備が必要な場所が減ってきて、年間三〇〜四〇か所というところ。資材にかかった費用は、二四年間で約二億円だった」

自分たちで工事をした場合、業者に発注したときの五分の一程度だというから、従来なら一〇億円ほどかかっていた計算になる。財政的に助かったのは言うまでもなく、自分の住む地域のことを良くしようという意識が住民の中に根付いたことは大きい。

しかし下條村にも建設業者はいたはずだ。彼らから仕事を奪うことにはならなかったのだろうか？

これは、資材支給事業の対象になるのが大して儲けにならないような小さな仕事、ということで業者に理解を求めたのだそうだ。重機などはレンタル料を払って借りた。最初は渋々だったようだが、次第に「共存共栄の道だな」と理解されてきて定着したという。

そうやって村のいろいろなところに協力をとりつけながら村民の支持を広げ、改革が進んでいったのだった。

しみじみとした口調で喜平さが言う。

「ちょっと偉そうな言い方かもしれないが、信念のないトップは一期目は不安ばかりで何もできない。『こんなことをしたら、次に票を入れてくれないかも』と怖くてしかたがないんだ。二期目を心配して、どうしても顔色をうかがうようになってしまう」

政治家が思い切ったことができないのは、次の選挙を考えるからだという。「善処します」「検討します」で先送りしたのでは、改革は絶対にできない。

とくに、ライバルと得票が伯仲していた場合、「あいつが気に入らない」という反対票が少し増えるだけで、かんたんにひっくり返ってしまう。再選されるには徹底的に成功して、その成果を示すしかない。

喜平さはそれがよくわかっていたから、職員も住民も、突き放すべきときには突き放して意識改革した。

「やるだけやって一期ならしょうがない。一期だけやって、討ち死にする」と思っていたそうだ。とはいえ「一期で終わるつもりはなかった」とも言う。とにかく今、改革しないと、下條村は消滅してしまうという危機感に突き動かされていたのである。

借金が減って、貯金が増えた

さすがは経営者、伊達に中小企業のオヤジはやっていない、と私が舌を巻くのは、喜平さが手をつけた順番だ。きちんと筋道が通っている。

つまり、村長になると真っ先に職員の意識改革に手をつけて、短い期間で効率的に仕事をこなせる集団へと鍛え上げた。そんな職員たちの変貌ぶりがあったから、平行するようにスタートした資材支給事業も受け入れられたのである。

「陰で息巻いていたやつはおったけどな」と振り返る喜平さだが、相手が国や県であっても言うべきことは言う、常識外れだろうが決断したことを徹底的に推進するリーダーシップによって、着実に改革が進んでいった。

「ムダは徹底的に省けと。だけども、将来に向けて今やっておかなきゃいかんことは徹底してやれよという方針だった。これは最初のころから手応えがあったな」

改革を進めていく喜平さが重視したのが情報公開だ。「こんな事業をしました」「借金がこれだけ減りました」と、パンフレットをつくって住民に知らせていったのである。

こうした広報活動には若い職員たちが張り切った。

「村長のつまらない挨拶を入れるとかえって誰も読まなくなる。それより、どのくらい借金が減ったか、貯金が増えたか、一目でわかるようなマンガで入れましょう」などといったアイデアが山ほど出るようになった。

一二月には一年間の下條村の十大ニュースをつくっている。印刷して懇談会とか、会合などで配るのだ。

「実質公債費比率（借金返済の余力を示す）がさらに下がって、全国の市区町村で三位！」「二年に一度の村民運動会が開かれた」など、この年に下條村でどんな動きがあったか、これを見ると一目でわかる。

〝重要無形文化村長〟の私にも送られてくる。「へぇ、この道にバイパスができたのか」とか「人口がまた増えたんだ！」とか、見ているだけで楽しい。

村内放送ではそのときだけで消えてしまうけれども、印刷物だから残しておける。何人かの目にとまるし、後から見ることもできる。そうやって情報公開を続けていくと、住民も自分たちの村に興味が湧いてくるものだ。


二期目となる一九九六年の選挙では、これまでの村長選挙での最多得票記録を大きく上回る一九九三票を獲得。大差の勝利だった。

住民は喜平さをはっきりと支持したのである。借金が減って、貯金（基金）が増えていく様子を見ると、自分たちの努力もはっきり結果になっているわけだから、ますますやる気になる。村のやっていることに興味も湧く。

実際、そのころからは財政状況は目に見えてよくなった。

俊明くんが解説してくれる。

「財政の余裕度を示す経常収支比率は、近年はずっと六〇％台。これが低いほど自由に使えるお金が多くて、高くなるほど財政が綱渡りになってくる。二〇一六年度は六七・〇％だね」

七〇～八〇％ならまずまず、立派なものだというから、下條村はかなりの優等生だ。

「実質公債費比率は借金返済の大変さを示していて低いほどいい数字。これがマイナス六・四％で全国一位。前年度はマイナス五・四％で僅差の全国三位だった」

下條村は毎年上位に顔を出してくる常連だ。トップ一〇のほとんどは東京二三区なのだから、これはすごい。

「財政力指数は〇・二強なので、上向いているとはいえ決してよくはないんだけど、高い経常収支比率のおかげで、村営住宅の建設や子育て支援に経費をしっかり充てられる。村の貯金（基金残高）は六七億五八九六万円だから、ほぼ年間予算に匹敵するくらいの貯金ができていることになる。一方、実質的な借金（起債残高）は一億九二五〇万円なので圧倒的に貯金が多いということ」

これからの課題が「この貯金をどう使っていくか」だというから、すごくうらやましい。まったく驚くような健全財政なのだ。

「村はカネ持ちだが、おれは貧乏だに」と喜平さは笑っていたけれど。

おカネがなくては、村に若者を増やし、子どもを増やすこともできない。財政を健全化するメドをつけないと何をしてもすぐダメになってしまうという、経営者としてはまったく当たり前の発想だった。

村で子どもが増えた話は、後の章でまとめるけれども、喜平さは魔法のような奇策で、若者を集め子どもを増やしたのではなかった。

実際はまったく反対で、自治体が本来やるべきことを愚直に追求し続けた結果である。喜平さも「紙を一枚一枚積み重ねるように、愚直にやったっちゅうことだ」と振り返る。

〈「奇跡の村長」の物語〉

下條村は「奇跡の村」と呼ばれ、全国の自治体から職員や議員が視察にやってきた。

視察に訪れた自治体の数は、なんと五〇〇以上。みんな赤字や借金に苦闘して、小さな山村の下條村に〝秘訣〟や〝秘策〟を求めてきたのである。あまりにも多くて案内する職員の手が足りず、丁重にお断りしたこともあったという。

だが、視察したほとんどの自治体関係者から「ウチでは同じことはできません」という反応が返ってきたそうだ。

「良くも悪くも、伊藤村長でなければ改革はできなかった。『奇跡の村』と呼ばれるけれども、そうじゃない。『奇跡の村長』なんだ」

そんな声が東京にいる私の耳にも入ってきた。喜平さと対立して辞めていった人の寸評らしいが、核心を衝いていると思った。

喜平さは相手が誰であろうと対立を恐れず、常識外れの決断をして、しかも強引にそれを実行したから、下條村は息を吹き返した。それどころか日本中が参考にしたり、目標にしたりするような村になった。

実質公債費比率が全国最低レベル、かつ村の貯金が七〇億円近いという健全財政を実現、しかも全国平均を大きく上回る出生率を達成してしまった。

批判も不満もあるけれども実績は認めざるを得ない――対立した人たちのそんな思

いがにじみ出ているようだ。結果として、それまで自分たちがよかれと思ってやってきたことがすべて否定された形になってしまったわけである。

今、私が客観的な立場で振り返ってみると、対立した人たちの言い分もわかるような気がする。つまり、役場には役場のやり方があって、国や県とうまく連携しながら村を切り盛りしてきたという自負もあったのだろう。

古い、非効率と言われても、民間の中小企業のやり方でひっくり返されたのではたまったもんじゃないと思うのも人情だし、行政というものは前例を守るから信頼されるのだと言いたくなるかもしれない。

喜平さが村長に就任する以前から、役場の中では開発計画は進められていたとも聞く。温泉施設「ふるさと体験館・コスモスの湯」もゴルフ場も、かなり以前に開発が始まっており、やはり担当者は目を輝かせて仕事に取り組んでいたようだ。

とはいえ村にカネはないし人口も急速に減っていた。時間との戦いだった。

だから村役場を効率重視、迅速に動ける組織にして財政を立て直し、独自の作戦で人口を増やし、さらには村民の意識まで変えていった喜平さの手腕は、悔しいけれど認めないわけにはいかない。

「二〇年先の下條村を見据えた計画が進んでいたんだ。すべてが伊藤村長の手柄になっているけれども、そうではない。伊藤村長が改革に成功したのは、それまでの下地をつくった職員がいたからだ」

人づてに、そんな声も漏れ伝わってきた。

とても人間くさいドラマ

よく「歴史に残っているのは勝った者の物語だ」と言われる。

徳川家康《とくがわいえやす》だって明治維新の官軍だって、勝ったからこそ「自分たちが正しかった」「時代を切り開いた」と語り伝えることができた。敗者の言い分が残るとしたら、勝者がどれだけ優れていたかを示すための役回りとして、「敗者はやっぱりダメだった」という話になりやすい。

だが、敗者にも事情やストーリーがある。

今までの仕事のやり方に自負を持っているなら、民間研修では「なんでそんなことせにゃいかんの?」と、本音のひとつも出てきそうだ。でも、それを言ったがために反対勢力として余計に攻撃されたのかもしれない。

役場で二〇年、三〇年と重ねてきた歳月を「旧来の行政の流れに乗っていただけ」と否定されるのはとてもつらい。自分の人生までも否定された気がするからだ。

時代が変化して、今まで自分が拠りどころにしてきたものが、悪いこと、無価値なことだとされるようになったとき、人は何を思うのだろう。すごく悔しいし空しいに違いない。悲しくもなるのではないか。経験豊富な年配者の感じ方や振る舞い方は、理想を求める若い人とはまた違ってくる。

そこにはとても人間くさいドラマがあったはずである。

以下は私の想像。

「伊藤村長が優れていたのはPRマンとしての手腕だ。何日間か研修したぐらいで意識が変わったりはしない。民間の厳しさはわかったけれど、行政の仕事の役には立たない」

「たしかに改革は進んだけれども、それ以上にPRがうまかったんだ。峰竜太も使って『ウチの村はこういうことをやった、こんなに変わった』とマスコミに取り上げられたから『すごい村長だ』と評価されている。でも、おれたちのほうがよっぽど厳しい仕事をしてきたんだ」

と、このくらいのことは言いたくなるかもしれない。どこにぶつけていいのかわからない怒りも湧くだろう。悔しさや空しさは、時間が経っても簡単には薄れはしない――。

将来、もし下條村の話が映画やテレビドラマになったとしたら、「新しい勢力に負けて去っていく人たち」の役、ぜひ私がやってみたいと思うのですが、どうでしょう?

第2章　奇跡の村長、奇跡の村人

〈二一歳で独立、会社設立〉

伊藤喜平さは、一九三五年（昭和一〇年）一月、下條村で生まれている。

そのころ、父親はいち早くトラックを入手して運送業をしていたそうだ。

だが誕生の二年後、一九三七年（昭和一二年）に勃発した日中戦争の戦火は広がるばかり、トラックを供出させられて父親も出征してしまった。太平洋戦争が始まったのが、国民学校（小学校）に入った年だ。

戦況の悪化とともに下條村も耐乏生活を強いられたという話は、私も子どものころから聞いている。喜平少年も毎日お腹をすかせていた。四人兄弟の長男だから、がまんして当然という役回り。飢えは本当につらかったという。

そして敗戦。父親が帰ってきた。翌年にはトラックも返還された。

「国破れて山河あり」という漢詩がそのまま当てはまるような状況だったけれども、とにかく再出発しなくてはいけない。地域の運送会社が統合して新会社が発足、父親は下條営業所長に就任している。とはいえ戦後の混乱期、まだまだ飢餓は続いていた。「メシを腹一杯食いたい。子どものころはそればっかり考えていたな。よくぞ生き延びたと、自分を誉めたいくらいだ」

少しずつ生活が落ち着いてくるころ、喜平さは中学を卒業して、飯田市の飯田高松高等学校（現・飯田高等学校）に進学している。このあたりの秀才が集まる進学校である。ところが山育ちの喜平さは、あっという間に落ちこぼれてしまったという。とくに英語の成績が悪かった。今と違って、市街地と山の中では教育環境に大きな差があったらしい。それでも補習で熱心に教えてくれる先生がいて、必死で勉強した。努力の甲斐あって成績はどんどん上がって大学に進学しようと考えた矢先――。

父親が肺結核で倒れてしまった。命は助かったけれども、長期の療養を余儀なくされて、長男の喜平さは高校を卒業するとすぐ大黒柱として一家を支えることになったのだった。

大学進学をあきらめて、父親の後を継ぐ形で下條営業所の事務長になった。一八歳にしていきなり事務所の経理を任され、管理職になってしまったのだ。

現場で働いているのは、年上の腕っ節の強い男たちばかり。気の荒い者もいれば、無頼漢もいる。経理は独学で学んだという喜平さんは、運転免許も取ってドライバーが足りないときには運転もしたそうだ。

時代は、戦後の復興期から高度成長期にさしかかろうとするあたり。近くでダムの建設が始まった。入社三年目の喜平さんは、これからは土木建設業が伸びてくると読んだ。会社の経営陣に、土木建設業への進出を懸命に説いたのだが、若造の提言などまったく聞いてくれなかったという。みんな五〇代、六〇代、田舎ではそこそこの金持ちだから、新しい冒険なんかしたくなかったらしい。

何度もの激論の末、喜平さんは覚悟を決めて独立した。一九五六年（昭和三一年）、二一歳のときだ。ダンプカーを二台購入して、自分の会社を設立したのである。ついてきてくれた二人の部下と、あらたに雇い入れた運転手と四人、昼夜交代でダンプカーを走らせた。大手ゼネコンの下請け業者になって、ダム工事の砂利だとかセメントだとかを運んだのだという。毎日、文字通り汗まみれ、泥まみれになって働いたのである。

〈下條村で最初のガソリンスタンド〉

ダンプカーで走りながら喜平さは考えた。

昭和三〇年代になると自家用車も増えてきた。下條村を南北に走る国道一五一号線は、長野県飯田市と愛知県豊橋市を結んでいる。これから街が発展していくと、もっともっとクルマが増える――そう確信した。

病気から回復した父親が、国道沿いの自宅でお菓子から魚まで売っているような食料品店を営んでいたので、そこでガソリンも販売したのだ。下條村で最初のガソリンスタンドだった。

「飯田市にはガソリンスタンドが二軒あったんだが、下條村にはなかった。食料品店の隣に、ガラスの計量器のついた給油機を置いて販売していたな。道路改良で国道を広げるときに、今のようなガソリンスタンドにしたんだ」

昭和四〇年代までは田舎に行くと、人の背丈ほどのタワーにガラス容器の乗った、灯台のような形をしたタンクでガソリンを売っていたのを覚えている人もいると思う。

懐かしいあの給油機は、ハンドルを手で回すとガラス容器にガソリンが汲み上げられる。何リットルか量った後にレバーで切り替えると、ホースからガソリンが出てくるという仕組みになっている。

高校二年生で免許を取ってバイク通学するようになった私は、そうやってバイクにガソリンを入れていたのだ。

砂利道が舗装され、モータリゼーションの波が押し寄せてきた。喜平さは、ガソリンスタンドのほか、自動車修理工場や中古車販売も手がけるようになった。土木建設に加えて建設資材の販売もするようになった。

先見の明があったというだけではない。実際に行動したところが喜平さらしい。自ら汗まみれ泥まみれになりながら、事業を果敢に広げていったのである。

若くして会社をつくり「どうすれば利益が出るか」と、必死に工夫をして経営してきたのだから、コストや利益に敏感になった。ぼんやりとムダを放置していたら、会社はあっという間につぶれてしまうのだから。

ガソリンは売っても〝油を売ってる〟わけじゃない。

喜平さが効率重視で数字に強いのも当然だった。

〈村議会議員選挙はトップ当選の常連〉

村の商工会青年部の仲間たちに推されて、下條村の村議会議員になったのは一九七五年四月、四〇歳のときだ。

すでに村の過疎化は急速に進んでいた。村の人口は、二〇年ほど前のピーク時に六〇〇〇人を超えていたのに、急減して四〇〇〇人台。若者がみんな都会に出るようになったのだ（私もその中の一人だったのだが……）。

ところが当時の村議は、集落ごとの名士が順番に就く名誉職のように思われていた。年配者ばかりで、村の将来を考えた施策を提案したり、議論したりにはほど遠い。だが、このまま過疎化が進んで人が減っていくと商売が成り立たなくなってしまう。要するに、今日本が直面する少子化・高齢化を先取りしていたわけだ。

危機感を抱いた商工会の若者たちが「自分たちの代表を出そう」となったとき、白羽の矢を立てたのが喜平さだった。突然の出馬で、集落では一悶着あったそうだが、大方の予想を覆してなんとトップ当選。

若い喜平さは、ぬるま湯状態の村議会や民間企業ではありえないほどのんびりした役場職員の仕事ぶりを目の当たりにして、唖然としたという。たまらず改革を働きかけて停滞していた議会に波紋を広げる存在になったものの、本業の会社が忙しくなったこともあって、一期でいったん議員から離れている。

「村を衰退から救うにはやっぱり喜平さでないとダメだ」という声に押されて復帰したのが一九八三年だ。この二期目でも、三期目となった一九八七年でも、村議会議員選挙でトップ当選している。

小さな村だから、表だって応援することはできない人もいたはずだが、彼の手腕に期待する人は少なくなかったのだ。

この間、村営上下水道の建設委員長や統合保育所建設委員長を歴任、三期目では村議会議長として活躍している。村の下水道事業では合併浄化槽にしたことで、ものすごく財政に貢献したことは前章で触れた通り。

そして一九九二年、いよいよ村長就任である。

国や県から下りてくる施策や指示のまま、成果も効率も考えないで仕事をするのが当たり前だった村役場の改革から手をつけて、村民の意識まで変えてしまった。財政状況もみるみるうちに好転させたのである。

〈「サッポロしか飲まん」の謎〉

と、ひととおり経歴をたどってみても、喜平さの特異なキャラクター（失礼ながら）ができあがった理由というには物足りない。

どんな反対にも激烈な抵抗にも屈しない強い意志。嫌われることも、敵対することも恐れない勇気。それなのに、みんなを巻き込んでしまう不思議な〝可愛らしさ〟——。

そんなキャラクターがあればこそ、「カリスマ村長」「奇跡の村長」と呼ばれるようになったのだと思う。ビジネスの経験がある首長というだけなら、おそらく日本中にいる。でも、強烈な個性を発揮して、衰退する村の立て直しを成し遂げたような人はちょっといない。

あの強さは何なのか、喜平さならではのキャラクターはどうやって……と考えているとき、ご本人と食事をする機会があった。

〝重要無形文化村長〟を仰せつかっている私は、下條村の話題をテレビやラジオ、新聞から雑誌まで、折に触れいろいろなところで出している。村長を退任したところで、一度、じっくりと聞いてみたいと思ったのだ（そのときの話がこの本のベースになっている）。

村内の温泉旅館「月下美人」の一室で、女将が尋ねた。

「伊藤さんは、いつものサッポロビールだに？」

「おれはサッポロしか飲まんからな」

「義理堅いんだに」

「へぇ、どうしてサッポロを？」

何気なく尋ねたら、意外な話が出てきた。


喜平さは、五二歳のとき胃がんと診断されて手術している。村会議員の三期目、議長になって間もないころだった。

「会社経営と議員の仕事を必死でやってきたから、ずっと不摂生だった。商工会青年部の役員をしていた関係で、生命保険に入った機会に健診を受けたんだが、そのときは見つからなかった。半年後、何を食べても不味いんで愛知県がんセンターで検診を受けたら、胃がんが見つかった。しかも医者から『伊藤さん、ちょっと遅かったな』と言われた」

愛知県がんセンターがいっぱいだったから、愛知医科大学病院で手術を受けて、胃の四分の三を取ったのだそうだ。

「胃がすっかり小さくなってしまって、飯が食えないわけ。食欲がまったくなかった。少量ずつ、無理に食べようとしても体が受け付けないんだ。見かねた看護師さんが『これを飲みなさい』と言って渡してくれたのが、サッポロビールのいちばん小さな缶だった」

「病室でビール？　看護師さんが？」

と思わず聞き返したところ、

「個室だったからな。生命保険に入っていたのがよかった。入院すると、当時で一日一万二〇〇〇円の入院給付金が出たから、最上階の個室に入ったんだ。看護師さんは『今までたくさん飲んでいた人が、急にやめたらかえってよくない』と言って、一本一〇〇円ほどの小さな缶ビールを、毎日買ってきてくれた。それで命拾いした」

どうやら、カリカリして厳しく管理しても食欲が出ないのではしかたがない、少しでも昔の状態に戻るようにしてみましょう、ということだったようだ。お医者さんも黙認していたらしい。

「おれの命はもう捨てたも同然だ」

「その小さなビールのおかげで食欲が出た。夕方五時ごろになると、晩酌が楽しみで夕飯が待ち遠しくなったんだな」

かれこれ三〇年前の看護師さんとサッポロビールのおかげ、と今も感謝しているので、いつも頼むのはサッポロビールなのだという。喜平さんは「抗がん剤治療が苦しくて大変だった」とも言っていた。なんとか食欲を取り戻せたから、命をつなぎ止めることができたという感謝の思いは消えない。

それにしても、がんが見つかったのは五〇代そこそこという若さだ。若い人のがんは進行が早いと言われる。不躾ながら聞いてみた。

「お医者さんに『ちょっと遅かったな』と言われたんでしょう？　頭の中に死がちらついたりはしなかったんですか？」

「そうは言われても、あの時分おれは商売も一生懸命やっていたし、借金もあった。こんなことでは死ねんぞとは思ったけど、自分が死ぬとは考えられなかったな」

　それでも、村長選挙に出るときには躊躇《ちゅうちょ》したそうだ。

「大病をやったときは、なんとか議長の四年間だけは任期を満了したいなと思っていた。下水道に取り組んだりしているうちに元気がだんだん出てきて、そのうちに『村長はお前じゃなきゃダメだ』と五、六人から言われたけど、最初は躊躇していた」

　やってみるか、という気持ちになったときには公示の直前で、すぐに選挙運動が始まったのだという。村で唯一のお医者さんが後援会長だったから、こっそり点滴を打ってもらいながら、激しい選挙戦に飛び回った。

　選挙で苦労しただけに、村長就任後は「このままでは終われない。終わってたまるか」という思いが強かったという。

「村にはまったくカネがない。中途半端な貧乏じゃなかったから、改革しないとどうしようもない。もう捨て身だったな。たとえ自分が討ち死にしても、レベルをこれくらいまでにしておきたいという思いがあった」

だからこそ目の前のことをひとつずつコツコツと、しかし大胆に改革を進めていったのだ。

とはいえ、「今までのやり方でいいじゃないか」と反発したり抵抗する人たちも生活がかかっている。言葉通りに命がけだ。怒鳴り合いになることもあっただろう。

多少気が強いとか、合理的に説得できるといった程度では、とても乗り切れない。

「討ち死に」という言葉も大げさに聞こえない。

強烈な実行力の原点が、五〇代での闘病にあるのは間違いなさそうだ。

生きるか死ぬかを越えてきた経験をしたから、普通なら絶望的につらい場面でも「あのとき拾った命だ」と思えたのかもしれない。そうとらえれば気力も湧く。一期目の四年間に全力を傾けたのも、拾った命を燃やし尽くそうとしたように思えてくる。

俊明くんもこう言っている。

「議長のとき胃がんの手術をして、あれからじゃない？　おれはそう思って見ている。『おれの命はもう捨てたも同然だ』とちらっと漏らしたのを聞いたことがある」

生死の境を越えてきたという思いがあるからだろう、この世に怖いものなどなくなったようにも思える。やはり、この闘病体験が喜平さに大きな影響を与えたのだ。

喜平さと話していると、とても八〇代には思えない気力に圧倒される。

村長だった六〇代、七〇代のとき、全身全霊で改革に取り組んだ迫力はどれほどか、ちょっと想像がつかない。怖かったんだろうなぁ。

「平成の大合併」にも背を向けて

下條村は一二〇年以上も前の一八八九年（明治二二年）、睦沢村《むつざわむら》と陽皐村《ひさわむら》が合併して発足して以来、ずっと単独の村として今に至っている。

戦後、国の方針として進められた「昭和の大合併」のとき、隣村との合併話が持ち上がったけれども、ついに合併には至らなかった。

喜平さが言う。

「あのとき合併しなかったおかげで、今の下條村の適正な規模を守ることができた。おれは大英断だと思っている。『平成の大合併』のときも〝下條村自立（律）宣言〟

をして合併しなかった」

下條村は平地がほどんどない。山間の道路に沿うように集落が点在しているのだが、村の中心に位置する役場から、どの集落へ行くにもクルマで一〇分もかからない。とてもコンパクトな村なのだ。

戦後、国の仕組みや制度が大きく変わったことを受けて、一九五三年（昭和二八年）から進められたのが「昭和の大合併」だった。学校や消防・警察、社会福祉などが市町村の事務になったために、規模の拡大が求められたのだそうだ。

一九九九年（平成一一年）からの「平成の大合併」は、少子化や過疎化が進む折、市町村の財政力強化が主な目的とされている。合併すれば手厚い財政支援、合併しなければもうお金はあげないよ（地方交付税の削減）というアメとムチで進められた。

この「平成の大合併」によって、極端に広くなった市町村もある。財政が苦しくて合併を選択したものの、学校や行政機関の統廃合が広いエリアで進んで不便になるとか、文化圏や生活圏が違う地域が一緒になったため住民の意見がまとまらないとか、なにかと不都合もあるらしい。

喜平さは「国は頼りにならない」と言って憤慨する。

「そもそも、下條村がある〝飯田・下伊那地域〟は一市一七町村。その総面積は香川県や大阪府よりも大きい。しかも九割近くが山、林野率八六％という地域性が前提としてある。それなのに、国は〝最大公約数〟で政策を決めてしまう。そこにいちばんの問題がある」

しかも国は、政策として決めたらどんどん進めてしまう。東京の一万人と下條村の一万人ではまったく違う。学校ひとつ、下水道ひとつとっても、同じようにはできないのだから、少ない選択肢をアメとムチで誘導されたら迷惑を被る自治体も出てくる。

「地域の現実を直視して、今なすべきことに知恵を絞る。いちばんいい方法を実行する。だから下條村は『平成の大合併』に背を向けた」

ますます喜平さの言葉に熱がこもる。

地域ごとに特徴があるから、下條村の方法がそのまま使えるとは限らない。

しかし、道を切り開いていくのは知恵と勇気と実行力——いちばん大切で普遍的なことを小さな下條村は示している。

〈国策に逆らった村長の系譜〉

何十年かに一度、国策にも常識にもとらわれない村長が出てくるのが、この飯田・下伊那という地域なのかもしれない。

ちょっと話はそれるけれども、戦前、旧満州（中国東北部）への「満蒙開拓移民」が、国策として進められたときのことだ。

日本（関東軍）が強く関与して建国された満州国へ移民し、広い大地を開拓して食糧増産に貢献しようという触れ込みで、全国から約二七万人が新天地を求めて海を渡ったと言われている。日本国内は不景気で、貧しい人があふれていたことも後押しした。

その満蒙開拓移民を、全国でもっとも多く送り出したのが長野県だった。飯田・下伊那も熱心な地域だったので多くの人々が大陸に渡った。子どものころから折に触れて聞いてきたので、なんとなく知っていた。

この移民たちは、大変な悲劇に遭遇したのだという。下條村の南に位置する阿智村には満蒙開拓平和記念館があって史実を今に伝えている。

俊明くんや開拓移民に詳しい人から聞いた話をまとめるとこうなる——。

終戦直前、旧ソ連軍が参戦すると、守ってくれるはずの関東軍は開拓移民たちを置き去りにして逃げてしまうのだ。旧ソ連軍の戦車による侵攻と中国人の暴徒の襲撃が繰り返され、集団自殺も起きた。約八万人が亡くなったとされる悲惨な事態になった。

開拓移民は国策だったから、各自治体に送り出す人数の割り当てがあり、やはり補助金などで誘導されたのだそうだ。その結果、長野県からは全国最多の三万七〇〇〇人が海を渡り、その危難に直面したと伝えられている。

そんな中で、大下條村（現・阿南町）だけは移民を出さなかった（ややこしいのだが、そのころは下條村の隣に大下條村があった）。

これは当時の佐々木《ささき》忠綱《ただつな》村長が、現地への視察旅行で「どうも話が違う」と気がついて、村からは移民を送らないと決心したからなのだそうだ。「開拓」のはずなのに、耕作地の多くは現地の住民から強制的に取り上げていたことに、佐々木村長は疑念を抱いたらしい。土地を取り上げて現地の人々の恨みを買ったことが、終戦後に暴徒から襲撃される一因になったとも言われる。

戦前の強圧的な空気の中で国策に逆らったのだから、佐々木村長への風当たりは猛烈だったようだ。だが、どんなに「国賊！」「売国奴！」と罵られてもひるまずに抵抗したおかげで、悲劇に遭う村民を出さずに済んだのだった。

「そうした歴史もあって、この一帯が『政治意識の高い地域』となっているのかもしれないね」

と俊明くんが言う。一時期、下條村出身という国会議員が、三、四人いたときもあったそうだ。村民の一五〇〇人に一人くらいの割合で、国会議事堂の赤絨毯を踏む機会があった計算になるから普通ではない。

もちろん村人たちは、何でもやみくもに反対するわけではないし、ガチガチな思想や価値観にとらわれているわけでもない。基本的に「お上」の指示には素直に従って頑張る。

だが、「お上」はときどき間違える。そんなとき反骨の人が現れて、世の中を覆っている〝常識〟をひっくり返して住民を救う。

なんだか、そうした伝統があるような気がしている。

〈「大人になれる」下條村の人々〉

「下條村は住民が素晴らしいんだ」と、喜平さはよく口にする。昔から下條村の人は働き者と言われていた。「この近辺で、下條村からお嫁さんをもらった人はだいたい成功している」という話もある。

基本的に真面目で一生懸命、決して派手に前へ出て、目立つことをするわけではないけれど、自分の役割をきちんとはたす。それが典型的な下條村の気質だ。

私自身、下條育ちだなぁとよく思う。競争の激しい芸能界でも、「自分が、自分が」と人を押しのけて前に出ようとは思わないし、そうしろと言われてもできない。「お先にどうぞ」と言ってしまう。人の悪口や誰かに文句を言うのも気が引ける。

でも、自分の置かれた場所で精一杯咲いてます。

下條村の人が素晴らしいのは、「大人になれる」ことだ。故郷を遠く離れて見ている私には、それがよくわかる。

たとえば東京の人は、けっこう愚痴をこぼすけれども、下條村の人は愚痴はちゃんとがまんする。「こんなこと言うと、相手が心配するだろう」「イヤな気持ちになったら悪いな」と気を使うからだ。

私が育った環境もそうだった。男四人の兄弟だけれども、お互いイヤなことは言わない。とりわけウチは酒屋で食料品店。商売をやっていたから、いつも腰を低くして「ありがとうございます」と言っている両親の背中を見て育ったことも大きいのだろう。「これを言われるのはイヤだろうな」と思うことは口にしない。変に気を使って「大丈夫か？」などと同情的なことも言わない。

昔、私がまだ二〇代のころ浮気が発覚して週刊誌やワイドショーで大騒ぎになったとき、兄貴たちはそのことにいっさい触れなかった。おばさんから「お母ちゃん、寝込んだんだに」とだけ聞かされて、兄貴たちが何も言わないだけに、いっそう深く深く反省したのだった。

話がズレてしまった。

村の人が「いつも大人の対応を取ってくれる」例を挙げたつもりだった。「相手を心配させてはいけない」「そんなこと言っちゃいかんのだに」という村民性が、たしかにあるということだ。

人の気持ちを傷つけないようにしようという気持ちがとても強いから、悪口が意外なほど出てこない。小さな村だから人間関係も濃いだろう、陰口悪口も多いだろうと思う人もいるかもしれないが、本当に少ないのだ。

東京など都会だと、人の悪口や噂話が〝酒の肴〟になっていることも多い。誰かが席を立って帰ったとたん、その人にまつわる毒舌だの批判だのが飛び交うなんてことも珍しくはないから、信じがたいかもしれない。でも、下条村ではちょっと考えにくい。

それに今、都会で暮らしていると、「少し考えてがまんする」とか「気を使って言わないでおく」といった、大人の対応がどんどん消えているように思う。言ったもん勝ちで、思ったことは何でも言ったほうがいいとか、がまんしたら損みたいな雰囲気がある。

まあ、がまんを強制されたり、異論を口にできないような息苦しい人間関係もよくないから、加減が難しいところなのだが。

ただ、振り返ったとき、私が育った下条村のそんな環境はとてもよかったと思うのだ。

店を継いでいる長兄なんか、絶対に人の悪口を言わないし、いつもニコニコしている。東京で生まれ育った私の娘も、そうした下条気質の大ファンになっている。

〈柔軟に受け入れた住民たち〉

ものごとにはいい面もあれば悪い面もある。どちらか一方だけを見ていると間違える。どこかで折り合いをつけてがまんするのが大人であるなら、そこに人間性が現れる。がまんできるから寛容にもなれるのだ。

「寛容な人」とは「がまんの達人」のことではないかと思っている。

自分の気に入らないことは受け入れない、悪口を並べたてて拒否するという態度では、会社でも世間でもギスギスするばかり。結局、誰も幸せにならない。ふてくされて、いいことなんか何ひとつない。

誰だって言いたいことも感じていることもある。だから「村をよくするため」とか「集落のため」とか、言うべきときには言う。でも、そうじゃなければ飲み込んでおく。「なんだか気に入らない」というだけなら、黙ってニコニコしていればいい。

そのバランスが問われているのである。たぶんそこに義務感や連帯感といったものが関わってくる。どんな理不尽にも、ただ下を向いてじっとがまんしていろというのとはもちろん違う。

きっとこれは、村人がお互いのことを見知っているということも大きい。得体の知れない「村」とか「全体」のためにがまんしろと言われたら反発する。でも、ひとりひとりが大事にされているとわかっているから、「ここはがまんしておこう」となる。

ただ、小さな村がみんなそうなるかというとまた違うはずだから、これはもう下條村気質の特長だと言えるだろう。

下條村の人が「大人になれる」というのは、自分の気持ちに折り合いをつけて、文句は飲み込んでおく「いい部分」が出ているのではないか、と思う。昔から、そういう人間性の土地柄なのだ。

喜平さが改革に剛腕を振るえたのは、そうした素地があったからだと思う。あの強引さも、多くの住民は悪くは受け取らなかったのだろう。「ワンマンで力ずくの村長」と陰で言われても、喜平さは住民のひとりひとりをちゃんと見ていたし、住民もそれがわかっていたのだと思う。

資材支給事業がうまくいったのも、村民性に助けられた部分が大きかったはずだ。

真面目で一生懸命だから、実際にやってみると工事だってきちんとできた。もし、いつまでも文句を言ってふてくされている人や、しぶしぶ従って言われたことだけ適当に作業する人が大半だったら、うまくいくはずがない。

住民たちは単純に従うとか、協力するというだけではなくて、柔軟に受け入れた。だから反対していた人が、強力な味方に変わるなんてことも起こる。「頑固に反対している人の使う道からつくってやる」みたいな工夫もしてくれた。

そんな下條村の気質や人柄を熟知した、喜平さんの戦術だったようにも思えてくる。

〈「なんかまとまりがいいんだな」〉

喜平さんは、村営住宅の入居者に条件をつけたことについて、こんな話もしていた。

「都会では保育所や公園をつくろうとすると、地域の住民が反対して揉めるそうだが、とんでもない話だな。自分の権利はいくらでも主張するのに、義務となると知らんぷりだ。そうなると地域は壊れてしまう」

ちょっとだけ真面目な話をすると、権利には必ず義務がついてくる。ところが、それを忘れて（あるいは知らないで）自分の権利ばかり主張する人がいる。とりあえず文句を言って、受け入れられたら儲けものみたいな風潮もある。これでは会社から地域から、国のレベルまでうまくいかなくなってしまう。

「下條村は、明治の半ばからもう一三〇年近くどことも合併していない。田舎に行くと、ある集落が別の集落をよそ者扱いして対立することがあるけれど、下條村にはそれがない。いざというときにはガチッとひとつになれる。なんかまとまりがいいんだな」

喜平さはそんなことも言う。

長い間、ひとつの村の中で暮らしてきたから、住民たちはだいたいお互いを見知っている。村内に小学校・中学校は一校ずつだし、私たちのときは一学年に一〇〇人ほどいたのだが、ずっと一緒にいるので、きょうだいのような感じになった。

高校は村にはないので、それぞれ近隣の高校へ進むことになるけれども、だいたい下條村から通学する。高校でも同じクラスになることもあるから、長ければ一二年くらい一緒に過ごすことになるわけだ。

高校を卒業すると、村に残る人もいれば出ていく人もいる。でもみんな、下條村のことは心にとめている。だから都会へ行った人が、帰省したときなど、よく同窓会やクラス会が開かれている。

私たちも六五歳になる今年、また同窓会を開く予定で、もう日程も決まってる。六〇歳のときも同窓会があったし、クラス単位では一～二年に一度、集まっている。

喜平さの言う「なんかまとまりがいい」のは、そんなところにも垣間見えているような気がする。

〈村民が自立（律）を選んだ〉

要するに、村の住民たちはコミュニケーションがいい。お互いに意思を疎通させて、気持ちのやり取りをしながら暮らしている。

東京のような大都会は、「隣は何をする人ぞ」が普通だし、よほど近所の住人でもなければ、通りですれ違う人は自分のことを知らない（芸能人はちょっと違うが）。それはそれで住みやすかったりするのだけれど、田舎は田舎で、しっかりした人付き合いがあるから安心だ。自然の中で、落ち着いた暮らしができる。

都会化すると、行政なり専門家なり誰かに任せるのが当たり前になるから、手間がかからないのはいいのだけれども、「それは役所の仕事だろう」という依存体質になりやすい。住民たちの助け合いとか、自助・自立も失われていくように思う。

「昭和四〇年代に、千葉県松戸市で『すぐやる課』ができて、それが日本全国に報道されてから、住民たちの意識が変化したとおれは思ってる」と、俊明くんが言う。

「すぐやる課」をつくったのは、当時の松本清《まつもときよし》市長。ご存じ、ドラッグストアのマツモトキヨシの創業者だ。市民の困りごとが、市役所内でたらい回しになっていると考えた松本市長は、部署の垣根を越えて対処する「すぐやる課」をつくったのだ。

つまり、役所内部に対して「たらい回しにして座ってるんじゃない、すぐ動け」という意味だったのだが、新聞やテレビで全国に伝わっていくうちに、行政は何でもやってくれるもの、何でも行政の責任でやるべき、という考え方になって広まってしまったのではないか、と俊明くんはやんわりと指摘する。

もちろん都市と田舎は違うから、都会では溝にゴミが詰まったといったことでも、市役所に頼まないとどうしようもないのかもしれない。スズメバチの駆除なんか、素人が手を出すのは危ない。でも、もともと自分たちで管理していた田舎まで、その影響を受けてしまった。「税金を払っているんだから、行政がやるのが当然でしょ」という気風が広がったのである。

ところがそれが積み重なると、公務員はどんどん増える。税金はいくらあっても足りなくなる。必要なところにお金がかけられなくなるので、結局、住民が不利益を被ることになる。そんなことが日本中で起きているのだろう。

「そうじゃなくて、『昔は自分たちでやっていたじゃないか』と。住民たちが、自立して助け合う、それを掘り起こすのがいいんじゃないかと、思い切って提案したのが、伊藤村長だったと思うんだよね。またそれを受け入れた住民もすごいんだけど」

村の様子をずっと見てきた俊明くんは、そう言って目を細めるのだ。

〝下條村自立（律）宣言〟をして、「平成の大合併」のときも合併しなかった。

これはなにも喜平さが勝手に宣言したわけではない。いくら強引な村長であってもそんなことはできないわけで、村では懇談会を三回開いて話し合った後、二〇歳以上の全村民にアンケートをしていた。

その結果、村民の七割以上にあたる二一一〇人が「今のままで、自立（律）してい
く」ことを選択。これを受けて合併研究委員会は全会一致で〝下條村自立（律）宣
言〟を採択したのだそうだ。

懇談会で配られた資料を俊明くんが見せてくれた。

「これも情報公開？」

「そう。このころは伊藤村長が就任して三期目、一一年が過ぎたころだから、情報公開もだいぶん板についているね」

そこには国の動向と、下條村が自立（律）を目指す理由である村の現状が、財政の状況と見通しとともにわかりやすく示されていた。これを見ると住民たちが合併しない道を選んだこともよく理解できる。

自分たちの村のことは自分たちで考えようという意識は合併浄化槽の導入や資材支給事業などを経て高まっていった。徹底した行財政改革を進めてスリム化に成功した「奇跡の村長」を「奇跡の村人」が支える構図が、しっかりとできあがっていたのだ。

第3章　子どもの声が響く村づくり

〈若い夫婦が住みたくなる住宅〉

「山奥の小さな村なのに、子どもの数が増えている」

下條村が注目を浴びたきっかけは、やはりそこだった。村の消滅を食い止めて、活性化するには、人口を増やさなくてはいけない。その決め手は子どもを増やすこと。子どもの声が村のあちこちから聞こえてこそ、高齢者だって元気が出るのだから。

徹底した改革によって捻出したお金を、「子どもの声が響く村づくり」のために使ったのだ。たしかにお金を節約したからといって、それだけでは元気は出ないし、人口が増えるわけでもない。では、どうすれば子どもは増えるのか。

下條村は「若者定住促進住宅」を建てたのである。

子育て中の世代や、これから子どもを産んで育てていこうという若者が下條村に住みたくなるようにした。若い夫婦が住みたくなるような洒落たマンション風の住宅をつくって、隣接する飯田市の家賃の半額で提供したのだ。

この「洒落たマンション風」というのがポイントだ。過疎化が進んでいる村だから、空き家はたくさんある。それを村が借り上げて、無料で貸し出せば安上がりなことは間違いないのだが、それでは若い人は住んでくれない。

ビジネスの世界で生きてきた喜平さの発想は、あくまでも「お客さん＝入居者は、どんな部屋に住みたいのか」と明確だった。

幸いなことに下條村は、下伊那エリアの中心都市・飯田市の真ん中まで、クルマで二〇分ほどの距離である。ベッドタウンとして飯田市で働く人を呼び込める、と喜平さはにらんだ。

「飯田市内で２ＬＤＫのマンションの家賃が七万二〇〇〇円ほどだったので、同じくらいの広さで半額、三万五〇〇〇～三万六〇〇〇円という家賃に設定した。しかも駐車場が一戸につき二台分つきなんだ」

交通機関が貧弱な田舎では、夫婦で一台ずつクルマを持つことが多いから、これも入居者にはありがたい。狙いはぴたりと当たった。

〈地域に溶け込める人を選んだ〉

自治体がこうした移住を促進する住宅を建てる場合、国から補助金が出るそうだが、下條村は、節約して浮かせたお金を使って自前で建てた。

経緯を喜平さが教えてくれた。

「最初は一戸建て住宅を建てたんだが、これは補助金を使った。そうしたら入居者の年齢を条件にしちゃいかんとか、低額所得者を二割入れなさいとか、縛りがいろいろあるんだ。補助金を五〇%くらいくれるのならともかく、二十数%だ。それで入居者を選んじゃいかんとか、結果を報告しなさいとか、もう本当にがんじがらめで苦労した。だから若者専用住宅は補助金を使わないで建設することにしたんだ」

国がそんな条件をつけているとは知らなかった。国の補助金で建てる公営住宅は、所得制限などをクリアした入居希望者から抽選で選ばなくてはいけないのだそうだ。

「変な人間が来たら、地域のコミュニティーがダメになる」

と喜平さは手厳しい。

もちろん、村のしきたりに全部染まれと言っているのではないだろう。都会なら地域の人との関わりをいっさい断っても暮らしていけるけれど、田舎はそうではない。お金を払うことで誰かがやってくれていることも、自分たちでしなくてはいけない。お互いに助け合って暮らしていることを、理解して受け入れられる人に住んでほしいということだと思う。

補助金を受けなければ、村が独自の入居条件をつけられる。徹底した行財政改革で浮いたお金で、地域に溶け込める若者を村が選定できる、村営の集合住宅を建てたのである。建設費は一棟あたり約一億円だった。

それが一九九七年度から建設が始まった「メゾンコスモス」だ。一棟に一二〜一六戸が入る鉄筋三階建てのスタイリッシュな建物で、村の花、コスモスにちなんで名付けられた。

入居条件は「子どもがいる」か「これから結婚する若者」に限定され、保証人が二名必要だ。そして村の行事への参加、消防団への加入（三六歳以下の場合）も条件である。

入居条件はしっかりつけたけれども、村外からの希望者はたくさんいて大人気になった。多数の希望者の中から地域に溶け込める人を選んだおかげで、質のいい若者が集まったのだそうだ。

集合住宅にしたメリットもあった。入居した若者同士にコミュニティーが生まれて、子育てなどで助け合うようになったのだ。同じような家族構成だし、積極的に周囲と関わろうという人たちだけに、すぐ仲良くなったのだという。

集合住宅にした理由のひとつは、メンテナンスのコストが格安になることだったそうだが、入居者にとってもとても都合がよかったのだ。


下條村には、集落（地区）ごとにいくつかの組があって、地域コミュニティーとしての役割を果たしている。「メゾンコスモス」も一棟ごとの組になっていて、組長は一年交代の輪番制、村外から引っ越してきた人たちもみんな地域の一員として、祭りなどいろいろな村の行事に参加している。

当初、喜平さは、五棟できればいいと思っていたそうだが、今では一一棟になった。一一棟目は村内の企業向けという。

村でクルマを走らせていると、ところどころに洒落た四階建てのマンションが出現する。青空と山並みを背景に、なかなかかっこいい。とくに秋なんか、黄金色の稲穂の波と咲き誇るコスモスに映えて、住んでいる人の明るい表情が目に浮かびそうだ。

〈子どもは着実に増えた〉

喜平さの狙い通り、「メゾンコスモス」には若い夫婦が村外から入居してくれた。村で子どもも生まれるようになった。

子育て真っ最中の世帯が多いから、子育ての不安や悩みもお互いに相談できる。ちょっと買い物に出かける間、あずかってもらうこともできる。住人同士、助け合いながら子育てしている。子どもにとっては近くにたくさん友だちがいるので、毎日、思いっ切り遊べる。暮らしやすい、子育てしやすいのは〝看板に偽りなし〟だ。

「自然の豊かな環境で暮らしたいけど、過疎だし寂しいから田舎は住めないな」と思っていた人も、ここならそんな心配はない。暮らしやすさが評判を呼んで、「メゾンコスモス」はずっと満室状態、入居待ちが出るくらいの盛況が続いている。

この定住対策の効果もあって、二〇〇二年、村は三五年ぶりに人口四二〇〇人を突破したのだった。

子どもも着実に増えた。

「スタート翌年の一九九八年から二〇〇二年、下條村の合計出生率は五年間の平均で一・九七人、二〇〇三〜二〇〇六年は平均で二・〇四人に上った。ほぼ同じ時期、二〇〇七年の全国平均が一・三四人だから、これはもう目立って多いよね」

俊明くんは淡々と話す。もっと自慢してもいいのに、とも思うけれど、そうしないのが下條村気質ということ。

全国から注目されて、マスコミの取材や自治体からの視察が相次ぐようになったのはこのころからだ。「こんな山奥の限界集落みたいな村で、子どもが増えているなんて！」とみんなびっくりしたわけだが、実行したことは単純明快。若い夫婦を呼び寄せて、安心して子育てできる環境を提供したのである。

「その後も出生率は、ほぼ一・八〜二・〇人をキープしているし、年少者（〇〜一四歳）人口の比率も、二〇〇〇年以降、長野県や日本全体を上回っている」

と、俊明くんはあくまでも涼しい顔で話す。

〈「子育てしやすい村」は自主財源から〉

今、日本では若い世代の結婚・出産・子育てのハードルがとても高い。

とりわけ都市部に住むとそのハードルが上がってしまうのだが、だからといって田舎には仕事がない。若いときは刺激だって求めたくなる。結局、家賃は高いし、つながりが薄くて助けてくれる人もいないけれど都市部に住まざるを得ない、という子育て世代が多くなるのだろう。その結果、少子化・高齢化がますます進んでいくことになる。

住みよい環境を地域でつくっていくことは日本全体の課題だから、二一世紀に入ったあたりから国も子育て支援に力を入れている。

下條村がいち早く子どもを増やすことに取り組んだのは、「このままでは村が崩壊して、消えてしまう」という危機感が、国よりもずっとリアルだったからだ。しかも対策が具体的だった。地域で何が必要か、よくわかっていたからだ。

一方で「若い夫婦を近くの市町村から〝奪った〟だけじゃないか」という批判もあ

った。長野県とか日本全体で見れば、増えたことにならないという否定的な意見もある。

でも、ちょっと考えてほしい。なぜ、子どもが生まれないのか、若い人が子どもをつくらないのか、という理由についてである。

いくつも理由はあると思うのだが、そのひとつとして「今の日本が子どもを育てにくい社会になっている」ということには、異論はないだろう。であるならば、自治体が子育てしやすい環境を整えることは当たり前だし、反対するような話ではないと思う。

下條村が先行したけれども、日本中で「子育てしやすい自治体競争」をするようになればいいんじゃないかと思うのだ。自治体が競い合って子育てしやすい環境をアピールするようになれば、若い人は「子どもが生まれても大丈夫」と思えるようになるはずだ。

結果として、結婚・出産・子育てのハードルを下げることになる。

下條村が「子育てしやすい村」に向かって邁進《まいしん》できたのは、がんじがらめの補助金に頼らずに村営住宅を建てられるお金――自主財源を捻出できたのが大きかった。

第1章でも少し触れたように、喜平さが手をつけた順番がとてもよかった。役場職員を意識改革して、少数精鋭のよく働く集団へと鍛え上げた。小さな村で税収は限られているのだから、職員が減ると財政もラクになる。節約できた一年分の人件費で、「メゾンコスモス」が一棟建つ計算だ。そして、懸命に働く役場職員の姿があったからこそ、資材支給事業も村人に受け入れられたのである。

喜平さのリーダーシップと職員の努力、住民の協力でお金をつくって、「子育てしやすい村」のために投資したことになる。

年ごとに充実する子育て支援策

下條村は若い夫婦向けの住居を用意しただけではなかった。「子育て支援」にも、すごく力を注いでいる。

たとえば、幼児から高校生まで医療費が無料。二〇〇四年度にこの制度が始まったときは、中学生までだったけれども、六年後には高校生まで無料になった。

これは病院の窓口や薬局などで個人負担した部分を全額補助する形なので、村外の医療機関にかかったときも対象になる。だから、もしも難しい病気で東京や名古屋の病院に行ったような場合も、個人負担分は返ってくる。

以下は俊明くんとの会話。

「給食費が安いんだって？」

「小中学校の学校給食費、七〇％を村が補助してる。二〇一一年一月に始まったときは三〇％の補助だったのが、ほぼ二年ごとに一〇％ずつアップしてるよ」

「保育園も預けやすいの？　東京じゃ待機児童が問題になっているけど」

「待機児童？　一〇〇％入園できるよ。保育料も二〇〇七年度から順次引き下げられて、二〇一二年度からは以前のおよそ半額になった。家庭の収入や子どもの年齢で保育料が変わる仕組みは全国的に同じだけど、国の基準保育料の半額以下！」

子育て夫婦を助ける破格の安さだ。しかも二〇一五年度から第三子（三歳以上）の保育料は無料になったのだそうだ。

「二〇一四年度からは、村から出産祝い金も出るようになったんだ。第二子は五万円、第三子以上になると三〇万円の出産祝い金が支給される。さらに小学校に入ると入学祝いとして三万円分、中学校では六万円分の商工会商品券が出る。こちらが始まったのは二〇一五年度からだね」

年を追うごとに、子育て支援策が充実していることがわかる。付け加えると、「メゾンコスモス」の家賃も二〇一四年度から引き下げられて、三万三〇〇〇～三万四〇〇〇円になったという。

そう聞くと「そんなにカネをばらまいて大丈夫か？」と思われるかもしれない。だが、そこは中小企業の経営者として経験豊富な喜平さが目を光らせてつくった仕組みである。子育て支援策の手厚い充実も、財政の改善がベースにあることはあらためて言うまでもない。

「メゾンコスモス」がスタートした一九九七年から一歩ずつ、財政がよくなるのに合わせて、充実・拡大してきたのである。

九億円の子育て支援基金をつくって、その利子も当てるようにしているのはその一例。国や県の補助をあてにせず、企業誘致に頼らず、ムダを省いてお金をとことん有効に生かす。そんな地道な努力の結果なのだ。

子育て支援はお金の面だけではない。

保育所に入園する前の子どもとお母さんを対象に、子育ての悩み相談を受ける「つどいの広場」は週に二～三回開かれる。子育て支援コーディネーターは、就園前から小学校卒業までの子ども全般について、子育て相談を行っているそうだ。

また、下條村の学童クラブは、小学校高学年まで受け入れている。しかも夏休みなど長期の休みも含めて通年運営。共働き家庭の頼りになる味方になっている。

〈転職を機に田舎暮らし〉

「メゾンコスモス」の入居者の話を、この本の編集者が聞いてきてくれた。

以下は、二〇〇三年に二歳半の女の子を連れて引っ越してきた、名古屋出身のKさん一家の話である。

「サンモリーユ下條という刈谷市民休暇村があって、何度か下條村に来たことはあったんです。でも、村が住宅や子育て支援に力を入れていることは知りませんでした」

Kさん夫妻は、結婚してから愛知県刈谷市に住んでいた。それが、ご主人が過労で体を壊したのをきっかけに「どうせ転職するんなら、田舎暮らししてみようか」と、飯田市の会社に転職を決めたのだそうだ。

住居を探し始めた段階では、下條村が候補だったというわけではないらしい。

「クルマで通りかかったので、アポなしで役場に行きました。『メゾンコスモス』や子育て支援のこともそのとき知って……。家賃が三万円台！　そう、家賃が安かったのは決め手でした」

仲良くなったサンモリーユ下條の従業員にも相談すると、

「不便だし映画館もないけれど、水も美味しいし、空気もきれい。不便が別に気にならない人なら、引っ越してきてもいいんじゃない」

とアドバイスされたそうだ（冒頭にも出てきたサンモリーユ下條は、レストランと露天風呂が気持ちいい温泉があって、南アルプスの眺望抜群の宿泊施設。宿泊は刈谷市民と下條村民限定ですが、日帰り入浴と昼食時のレストランは、一般の人も利用できるのでぜひどうぞ）。

夫婦の趣味はテニス。テニスコートが無料というのにも惹かれた。スキー場も近い。川釣り・渓流釣りをするご主人にとっても願ってもない環境だった。二人とも都会育ちだったけれども「これは大丈夫！」と、引っ越しを決めたのだった。

「メゾンコスモス」は人気が高くて満室状態だったのだが、たまたま空きがあった。離婚して出て行った夫婦がいたのだ。

「離婚の後か、と思ったんですけど。でもまあいいかと」

と、奥さんはこだわりがない。そんなことは気にしないことにして、親子三人で下條村の住人になった。気にならなかったと言えば、下條村独自の入居条件も違和感はなかったそうだ。

「消防団は三六歳以下ということで年齢的に免除でしたし、行事は普通に参加するものだと思ってましたから『あ、そうですか。はい』っていう感じでした。娘が二歳半で保育園に入る前だったので、思い切って引っ越してきました。半年後に年少さんで入園です」

〈子どもが育つのに最高の環境〉

Ｋさん一家が七月に引っ越してくると、すぐに村の行事でバーベキューがあった。

「引っ越し疲れでバテていたんですが、バーベキューをきっかけに近所の人と仲良くなりました。行事があってよかったです。すぐに打ち解けられたので」

入居したメゾンコスモスは二棟二六戸。ここだけでおよそ四〇人の子どもがいる。親同士、すぐに親しくなって、子育てでも助け合うようになった。

村や集落の行事としては夏のバーベキュー、しもじょっ子まつり、建物の周りの草刈り、神社の祭り、村民運動会、地区の忘年会、新年会、花見会など。「しもじょっ子まつり」というのは、子どもたちも楽しめる夏祭りで、イベントあり屋台あり。夜には花火大会も開かれる。

「子どもが行きたがったし、一緒に行きました。夏休み、冬休み、春休みには子どものおたのしみ会が集落センターで開かれます。地区で決めた係の人が担当するんです。親の参加もけっこうあります」

ほとんどの行事に参加してきたという。子どもは村のコミュニティーにとっても〝かすがい〟なのだ。都会では薄れてしまった「子どもはみんなで育てるもの」という暗黙の了解が、下條村では今も生きている。やがてKさんの家には、男の子も誕生した。

「息子は虫が好きなので、カブトムシもクワガタムシも捕まえてきます。保育園に入る前は朝晩、散歩でした。子どもが育つには、本当にいい環境です。医療費無料も助かってます。上の子はちょっとアトピーっぽかったりしたので」

村で生まれた男の子ももう中学生、入学祝いで商工会の商品券が届いた。

「上のお姉ちゃんのときはなかったんですけどね。『六万円も！』とびっくりしました。活性化につながるように下條村で使える商品券です。学生服に充ててもいいし、何に使ってもいい。とてもありがたいと思っています」

〈郷土の伝統文化に触れながら育つ〉

年を追うごとに子育て支援策や教育環境は充実して、Kさんも驚くやら感謝するやら。

「あ、そうそう、中学校に入るとグアムの研修旅行があるんですけど、それも半額補助してくれてます。参加は任意なんですが、毎年あってお姉ちゃんも行っているので、息子も行かせるつもりです」

山村の子どもたちにも広い世界に目を向けさせたいという目的で、一九九五年から、グアム島への海外研修を実施しているのだそうだ。中学一年生の春休みに三泊四日でホームステイや現地の中学生との交流、職業体験などをするらしい。

村の子どもたちが、よりよい教育を受けられるように、村の費用で小中学校の先生を三人、学習支援員を二人置いている。


地域の中で、子どもたちはのびのびと育っている。

下條村には、江戸時代から続いている「下條歌舞伎」という郷土芸能がある。役者も三味線や鳴り物の演奏もみんな村の住民たち。衣装も化粧も本格的なもので、老若男女、愛好者がとても多い。何を隠そう、私の祖父や兄も熱心に取り組んでいた。

誇るべき村の文化だから、小学生を対象とする歌舞伎教室もあるし、中学校の授業にも取り入れられている。Kさんも、とても興味深かったようだ。

「村で育つ子どもたちは、みんな歌舞伎を経験するんですよね。ウチの子どもたちも台詞をずっと言ってて覚えてました。『すごい暗記力だ！』って感心したんです。下條村に来なきゃ、歌舞伎には縁がなかったと思ってます」

お母さん方の中には、自分でも熱心にハマる人もいるらしい。親の世代も歌舞伎に興味を持つようになるから、村全体で支えようという意識も生まれる。

子どもたちが将来、村を離れても、子どものころの記憶としていつまでも残るだろう。そんな体験ができるのはやはり素晴らしい。毎年一一月二三日の勤労感謝の日には、下條歌舞伎の定期公演も行われ、子ども歌舞伎も上演される。大人も子どもも、世代を超えて楽しめる一大イベントなのだ。

下條歌舞伎にまつわる話はまだまだあるのだが、それはまた後の章で。

〈村人たちとムリなく交流〉

メゾンコスモスのKさんの話をもう少し続けよう。都市部からのIターンで、違和感や困ったことはなかったのだろうか？

「うわーって思ったのは、最初に役場まで自転車で行ったときですね。山が多くてヒイヒイ言って。自転車を捨てて、クルマをとりあえず買いました」

そう、下條村の道路は上りか下りのどちらかしかない。駐車場が一戸に二台分用意されているのも理由があるのだ。高校時代の私もバイクの免許を取るまでは、朝は駅まで下りだけ、夕方は家まで上りだけ、徒歩でたっぷり三〇分はかかっていたのである。

「ちょっと誤算だったのが愛知県より給料の水準が低かったことですね。メゾンで『みんなどうやって生活してるの？』と聞いたら『親が野菜や米をつくってるからもらえるよ』って。近くの飯田市や阿南村に親がいるという人が多いんです。私たち夫婦は、どちらの親も名古屋市内だったので、食料品は自腹でしたから」

だから、というわけではないけれども、Kさんは畑を借りて野菜をつくっている。

「せっかく田舎に来たんだから、野菜を育ててみたかったんですよ。引っ越してきたばかりのころ、役場で『畑を貸してください』って言ったんですけど、村としては畑のレンタルとか紹介とかしてなかったみたいで、一度はあきらめていたんです」

それでも子どもが保育園に入って、知り合いが増えていくと事情が変わってきた。「売るのはイヤだけど、貸すのはいい」という人は多かったのだ。

都市部では何ごともビジネスライクだけれども、田舎では「顔見知りであること」がものごとのスタートになることがよくある。最初のハードルがちょっと高く感じるかもしれないが、その後はスムーズで融通が利く。

ともあれKさんは知り合いを介して、無料で畑を借りることができたので、ベビーカーに子どもを乗せて行っては畑仕事をしたそうだ。最初に借りた畑はイノシシの被害が増えてきて困っていたら、別な人がもう少し開けた場所にある畑を、またしても無料で貸してくれたのだという。「使ってくれるのならうれしい」と喜ばれるのだそうだ。

「ひととおり野菜はつくりました。苗からも種からも育てます。つくり方とか、聞かなくても教えてくださったり。雑草を抜いてきれいにしていれば誉めてもらえる。誉められるのって大人になってもうれしいんだなとわかりました」

通りかかったお年寄りが誉めてくれたり、教えてくれたり。

下條村の人たちとKさん、どちらもムリすることなく言葉を交わして、交流している様子が目に浮かぶ。

〈「お礼も要望も直接言える」〉

「子育てにはすごくいい環境」と絶賛するKさんだが、子どもが成長してくると、不便な点も出てきた。私も苦労した高校への通学である。

「飯田線の川路駅までクルマで送り迎えです。引っ越してきたとき役場で『高校になったらどうするんですか?』と話した覚えがありますが、案の定、ちょっと今、大変です」

Kさんが入居している棟では、ほとんどが小さな子どもたちなので、これからの課題らしい。メゾンコスモスは二〇代で入居してくる若い夫婦が多いから、これからメゾンの子どもたちが続々と高校生になっていく。

村の分譲地に家を建てて集合住宅(メゾン)から移っていく人も多いそうだ。子どもの高校入学を機に村から転出するケースが出てこないとも限らない。

子どもの成長は早い。親としては振り返るとあっという間である。村も通学時間に合わせてバスを走らせるなどしているそうだが、なんとか対策を進めてもらいたいと思う。

「私が入居しているのは、伊藤村長さんの家と同じ地区で犬同士が友だちです（笑）。散歩の途中で会ったりするから、子育て支援のお礼も直接言える。要望も直接言ってます」

役場の人もみんな顔見知りだから、身近で話しやすいのだそうだ。これもまた田舎の小さな村ならではのこと。

喜平さが村長を務めた二四年間、徹底的な改革によって、おそらく村役場の仕事ぶりも、都会から移り住んだ人にも違和感のないものになったのだと思う。村だけで通用する「内向きの論理」でいたのでは、すぐにまた出て行ってしまう。スピードとか住民ありきの役場になったことは、若い人が住み続けていくときにとても重要な点だろう。

Ｋさんは村長として辣腕を振るった喜平さに、こんな印象を持っているという。

「散歩のときに会うとフレンドリーな普通のおじさん」

その印象、すごく当たっている。普通の住民、普通の中小企業のオヤジとしての感覚を、旧態依然とした役場の職員に、とてつもないエネルギーでぶつけて改革していったのが喜平さだったのだ。

〈村のお金を極力使わず施設をつくる〉

この本の冒頭で、つい「山と川しかない下條村」なんて書いてしまったけれども、レトロな郷愁だけの田舎ではありません。まさか昭和っぽい木造校舎や、細く曲がりくねった田舎道の村だなどと、誤解している人はいないだろう。

図書館にしてもプールにしても、移住してきた人も満足、納得できるだけの施設が整っている。医療・保健・福祉の総合健康センター「下條村いきいきらんど下條」「インドアスポーツセンター」、文化芸能交流センター「コスモホール」ほか、一時期は私が帰省するたびに、公共施設が充実していくように思えたほどだ。

しかもどの施設も、デザインがなかなか洒落ていて明るい雰囲気が共通している。贔屓《ひいき》目なしに見ても、観光で訪れた人が村に住みたくなってくれそうな気がする。

全国でもトップクラスの健全財政の村とはいえ、そんな〝ハコモノ〟をたくさんつくって大丈夫なのか？　と心配になるかもしれない。

しかし、こうした施設をつくるのに、村の出すお金は極力少なくなるように工夫されている。国の補助制度や臨時交付金をうまく利用しているのだそうだ。

というのも、国はときどき景気対策だったり地域活性化だったり、選挙が近くなったときに突然、何かの名目をつけて予算をばらまいたりもするらしい。役場では「こんな施設をつくろう」という長期的な計画を立てているので、国が好条件の補助事業などを出してきたら、すぐに計画を具体化して申請するのだという。

少数精鋭、仕事の早い下條村の職員だからできるお家芸とも言える。

でも、先の定住促進住宅のような困った縛りはないのだろうか？

「縛りのない交付金や補助金もあるから、これは積極的に活用する。縛りがあっても、それが村に合っていれば利用するけど、住宅のときのように村に合わないときは頼まれても使わない」

と、俊明くんはきっぱり言う。

国の臨時交付金などの活用は大型のハコモノばかりではなく、防災行政無線の整備やイノシシなどの有害鳥獣対策、小中学校への太陽光発電設備設置、小学校のトイレ改修など、実にさまざまなところに使われている。

職員はいつも「なんか補助金ないかなと思って狙っている」という。喜平さに鍛えられた役場の職員たちは、確実にプロフェッショナルの仕事をしているのだった。

〈施設を使いこなす住民たち〉

私が誇りに思うのは、こうした施設を村の目指す方向に合わせてつくり、ちゃんと活用しているところだ。

徹底的にムダを省いて財政を立て直し、住民も自ら住みよくなるよう汗を流している村だから、見栄でハコモノをつくったりはしない。それは当然として、できあがった施設を自分たちでしっかり使いこなしている。これはかなり自慢していいことだと思う。

たとえば下條村の図書館「あしたむらんど下條」の特徴は、親子で利用しやすいこと。集会場やアートギャラリーが一緒になった施設になっていて訪れやすく、一九九四年につくられて以来、県内トップクラスの利用率を誇っている。「子育てしやすい村」なんだから親子で利用しやすいのはもっともなことではあるけれども、真面目に一貫しているところが、村の出身者としてはうれしくなる。

その図書館では毎週、小さな子どもたちのために絵本を読んだり、紙芝居の上演などをする「おはなし会」が開かれているという。これをやっているのが小学生の図書館ボランティア。年少者を楽しませようと、自分たちで内容を考えているのだそうだ。

Kさんの話に出てきた「おたのしみ会」もここで定期的に開かれている。やはり地区の人たちが中心になって運営しているという。

「下條歌舞伎」の本拠地とも言える場所がコスモホール。定期公演もあって、子ども歌舞伎の小学生から保存会の大人たちまでが熱心に活動している。だからどこの子どもか、どこのおじさん、おばさんかみんなわかる。顔見知りになれる。

村民の一体感は、ただ村が小さいというだけでは育たない。

資材支給事業で一緒に作業することもその一助だし、さまざまな村の行事を通じて性格から酒癖までお互いに知っていて、さらにこうした世代を超えた交流の場がある。

そんな、住民参加型の村づくりのために、ハコモノが使われている様子が見えてくる。コスモホールには公営結婚式場も併設されている。それだけ若者のニーズがあるということなのだろう。村で生まれ育った子どもたちがここで結婚式を挙げる日も、もうすぐなんじゃないかなと思っている。

第4章「なんとかしたい」と動いた人々

〈地域を守る正義のヒーロー「カッセイカマン」〉

私が下條村に帰省したとき、ほぼ毎回といっていいほど立ち寄るのが「道の駅・信濃路下條 そばの城」である。下條産のそばが食べられて、ナシやリンゴなど季節の果物や山菜のほか、村の特産品がずらりと揃う。

併設の「うまいもの館」には、おろし大根にするとそばと相性抜群の伝統野菜・辛味大根も並ぶ（出荷時期は一一月上旬～三月下旬と、六月下旬～八月上旬だそうだ）。村のお母さんたちが開発した「そば万十」「よもぎっ娘（よもぎ餅）」は、控えめな甘さの懐かしい味で人気を集めている。

下條村を訪ねたときはぜひ立ち寄ってくださいね、と少し宣伝させてもらいました。

さてこの「道の駅・信濃路下條」は、毎年三月、全国各地のローカルヒーローが集結する場所として知る人ぞ知る存在だという。年に一度、全国から集まるなんて、日本中の神様が集まる出雲みたいで、なんだかすごい。

下條村は〝ローカルヒーローの聖地〟になっているらしい。

ローカルヒーロー、ご存じですよね。子どもたちの大好きな戦隊ものヒーローをお手本に、町おこしとか地域の活性化を掲げて活躍するキャラクターたち。もちろん下條村にも「地域戦隊カッセイカマン」というローカルヒーローがいる。

公式サイトによると、こんな設定だ——。

長野県の南部、南信州の小さな村「シモジョウムラ」も、長引く構造不況に、町も村も暗黒の暗闇に覆われていた。

さらに地域の商店や工場、工事現場には奇怪な怪人が出現、景気をさらに悪化させようと悪の作戦をたくらむ。このすべては、不景気により地域を支配しようとする悪の組織「フキョーダ」によるものだった。フキョーダは、コヨーフアン、キンユーハタン、カカクハカイ、タンカサゲルダ、リストランダ、などのフキョー怪人を操り地域の侵略を企てる。

地域があぶない！

そのとき、地域の中に古くから宿る魂「カンコーシゲン」たちが、地域を守る正義のヒーロー「カッセイカマン」として集まり、立ちあがった。

地域を守ろうとするカッセイカマンの戦いは始まったばかりだ。


地域の課題をピンポイントでとらえた設定が、「戦ってなんとかしなきゃまずいな」と大人の耳目を引きつける。そして子どもたちの目を釘付けにしそうなキャラクターが三人。地元の特徴・特産がヒーローの姿を借りて現れた。

カッセイカマンのリーダーはいつも前向き、情熱的で行動力のあるダイコンレッド。特産品・からみだいこんの精が宿る。必殺技は敵を辛さで混乱させる〝カラミフラッシュ〟、ふだんの仕事は特産品・からみだいこんの栽培なのだそうだ。

オオグテブルーは常に冷静に考え行動する頭脳派。おおぐて湖の水の精が宿り、得意技はどんな不況も吹き飛ばす〝オオグテシャワー〟。職業はむら役場勤務。

そして紅一点のコスモスピンク。気が強いが、公園やテーマパークが大好きな女戦士。村花コスモスの精が宿り、人々を楽しませる〝コスモリフレッシャー〟が得意技。村内旅館に勤務。「なんだかんだ言っても男性二人を操る、影のリーダー」らしい。

カッセイカマンは下條村のイベントに欠かせない存在になったばかりか、近隣の市町村から長野県内、さらに北は岩手県、南は沖縄まで、活動の輪を広げている。

〈カッセイカマンは自主財源で活動する〉

そんな「地域戦隊カッセイカマン」が誕生したのは二〇〇三年七月。当時、下條村商工会の経営指導員だった今井毅さんが中心になって、村の活性化のために不況と戦うオリジナルのヒーロー戦隊、カッセイカマンをつくり出したのである。

私の甥っ子の齋藤充も協力している。役場に入って四年目、振興課経済係で観光の担当をしていたころだった。

「最初に商工会の事務所を訪ねたとき、今井さんがダイコンレッドの衣装を着てパソコンに向かっていた」

よほど印象的だったらしい。意気投合した充も、カッセイカマンのキャラクターに扮してステージに立ち、観客を沸かせていた。役場で観光の担当だったから、イベントの企画にカッセイカマンを活用してバックアップしたのだという。

とはいえ、スタートから順風満帆だったわけではなかったようだ。今井さんのアイデアは、最初は受け入れられず、商工会で予算もつかなかったという。それでも今井さんは、「いつも前向き、情熱的で行動力がある」というダイコンレッドそのままに、情熱的にアイデアを出して仲間を増やし、活動の場を広げていった。

最初にカッセイカマンが〝出動〟したイベントは、下條村商工会の青年部が主催する「しもじょっ子まつり」。メインはテレビ番組『恐竜戦隊アバレンジャー』のショーだったそうだが、無名のローカルヒーロー、カッセイカマンもいきなり子どもたちの注目を集めたという。

「アバレンジャーよりカッセイカマンのほうが好き。だってカッセイカマンは本物だもん」

そんな子どもの感想も聞こえてきて、今井さんはずいぶん勇気づけられたらしい。

ほどなく隣町の阿南警察署からの依頼で秋の交通安全運動に協力し、「地域戦隊カッセイカマン」は道路でチラシを配って交通安全を呼びかけた。村内のショッピングセンターや保育園など、さまざまな施設のショーに呼ばれるようにもなっていく。

私が司会を務めていた日本テレビの『ザ！情報ツウ』で紹介したのもそのころだ。全国放送だったから、大変な反響があった。その後も何度か、取材させてもらったのだが、そのたびに、地域戦隊としての使命といったさまざまな設定や、隊員たちのキャラクターがどんどん明確になっていったのには感心していた。


村役場の振興課にいた齋藤充は、役場が企画する「道の駅」でのイベントに、カッセイカマンを活用した。

「お客様感謝デーのイベントで何をしようかと考えて、『そうだ、下條村にはカッセイカマンがいるじゃないか』と。それでテレビ番組『特捜戦隊デカレンジャー』と県内外のローカルヒーローが四組登場するショーを開催しました」

誕生の翌年、二〇〇四年三月のことだ。これがやがて全国のローカルヒーローが集まるイベントとなっていく。下條村がローカルヒーローの聖地となるきっかけになったのだ。

役場の協力で、隣接する住民センターにカッセイカマンの「ひみつ基地」もできた。装備（衣装や小道具など）を保管し、台本読みなどの準備もできる拠点である。

とはいえ、村から出演料などはいっさいない無報酬の活動だ。〝自主財源による活動〟を掲げて頑張っている。

それでも「自分たちで村を元気にしよう」という協力者が集まってくるのは、「村を住みよくするのは自分たちだ」「自分たちで盛り上げるよう頑張ろう」という意識が、資材支給事業同様、住民の意識に根付いてきた証しだろう。

今井さんは転勤で下條村を離れたけれどもカッセイカマンは定着して、メンバーの世代交代はありながらも発展しながら続いている。かつて歓声を上げていた子どもたちの中から、カッセイカマンや村の活性化に携わる人材が出てくる日も遠くない。

〈下條歌舞伎〉

前章でも少し触れたように、下條村には江戸時代から「下條歌舞伎」という郷土の伝統芸能が受け継がれている。

南信の飯田・下伊那地域は、人形浄瑠璃や歌舞伎といった芸能が江戸時代から盛んで、原田芳雄《はらだよしお》さんの最後の主演作品となった映画『大鹿村騒動記』が、やはり江戸時代から続く大鹿歌舞伎をテーマにしていたけれども、下條歌舞伎も負けてはいない。なんでも享保四年（一七〇一年）九月、名古屋から格式のある一座が村にやってきて、小屋掛けして芝居をしたところ、自分たちもやりたい、やってみようとなったらしい。江戸時代も終わりに近い天保、安政のころには相当、盛り上がっていたという。

明治になると、熱心な若者たちによって下條村の各集落に広まっていった。神社の境内などに舞台をつくって演じるようになり、集落ごとに競って腕を上げ、農閑期にはほかの村に招かれるまでになった。

そんなこんなで下條歌舞伎は、近郷近在に知られる存在になったのである。

今でこそ歌舞伎は、日本の華やかな伝統芸能として海外でも知られているけれど、もともとは庶民の娯楽。「芝居」「地芝居」と呼ばれて、テレビもラジオも映画もない時代に、舞台で演じられる人情ドラマや仇討ちドラマが大人気を博していたのである。

山村で暮らしてきた人々、老若男女が声援を送って、村祭りのように楽しんだようだ。下條村では一定の年齢になると歌舞伎を始めるものとされていて、青年を地域で教育する場でもあったらしい。

戦時中は「お国の非常時に歌舞伎にうつつをぬかすとは何ごとだ！」と、警察に捕まった人もいたそうだ。なんと歌舞伎禁止令が出ていたのである。そんな時代でも、村の歌舞伎には人をとらえて放さない魅力があったのだ。


私の祖父やおじ、兄たちも下條歌舞伎の舞台に立っていた。

もちろん私もやりたかったのだが、まだ小学校の低学年だったから参加させてもらえない。『菅原伝授手習鑑』の「寺子屋」の段、すぐ上の兄が演じているのを指をくわえて見ているだけ。すごくうらやましかったのを覚えている。

芸事が身近にあった影響は大きかった。小学生のころ家にテレビが来ると、がぜん俳優の仕事に興味が湧いてきたのである。中学、高校と「役者になりたい！」という思いがどんどん強くなっていって、高校を卒業すると同時に上京を決めたのだ。

引き止められることもなく、「まぁ、頑張ってこい」と送り出してくれたのは、芸事に縁がある家だったから、ということにしておきましょう。すでに長兄が店を継いでいたので、四男の私は放任してもらえたとも言えるのだけれど。

話を戻して「下條歌舞伎」だ。

下條村の人口は、昭和二〇年代をピークにじわじわと下がっていった。昭和三〇年代～四〇年代の高度成長期、村人はどんどん都会に出て行って下條歌舞伎も活気を失っていく。演じる人も見る人も減って、活動も停滞してしまった。

「このままではマズい。山里に根付いたせっかくの芸能が廃れてしまう」と、危機感を抱いた有志によって下條歌舞伎保存会が設立されたのが、一九七一年（昭和四六年）一一月のこと。後継者不足で消滅しかかっていた集落ごとの歌舞伎が一本化されたのだ。

今、副村長を務める俊明くんも、このとき小池さんに誘われて下條歌舞伎保存会に参加した。二〇歳だった。

「小池さんに『ちょっと見に来い』と言って誘われたというか、入らされたというか。それからずっと女形で四五、六歳まで踊っていたよ。それ以降は体重がオーバーして難しくなったけど」

保存会が発足して上演の機会も増えた。三味線の先生や語りの先生を呼んできて、みんなで教わるといった活動も行われたようだ。

さらに「将来も残していくためには子どもたちが体験することが必要だ」ということで、中学校に歌舞伎クラブをつくったり、小学生対象の「こども歌舞伎教室」を開催したり、継承活動にも力を入れるようになって山村の歌舞伎は息を吹き返していく。

村長選挙の対立候補

この下條歌舞伎保存会や中学校の歌舞伎クラブの設立に奔走したのが、竹本巴妙《たけもとはしょう》こと、村内で建設会社を経営していた小池恒久さんである。

子どものころに歌舞伎の魅力にとりつかれ、役者をしているうちに、三味線を弾いて語る義太夫へと手を広げていったという小池さん。飛び抜けて熱心な、地域では知らない人はいないくらいの有名人だった。

実はこの小池恒久さんが、一九九二年の村長選挙で、喜平さと激しく争った候補者である。小池さんは、喜平さの二歳年上だけれども村議初当選は同期、村長選に出るまでは教育長を務めていた有力者で、人格者としても知られていた。

歌舞伎保存会だけでも、小池さんの支持者が各地区にいた。しかも、前村長と役場の職員も大半が小池さんを推した。

では小池さんが有利だったかというと、そうとも言い切れない。喜平さは商工会の人脈をしっかり押さえていた。地元で長年選挙を見てきた人にも、本当に票を開けてみるまでわからなかったらしい。後々まで語り継がれるような激戦の末、わずか九八票差で喜平さが当選したのは何度か述べた通り。

村長選の敗北を機に、小池さんは村政から離れたのだった。

小池さんには悪いけれども、この結果は下條歌舞伎には幸いしたと思う。

いよいよ歌舞伎に専念できるようになったからだ。村会議員のころに息子さんが会社を引き継いでいたので、六〇代前半の小池さんはもう好きなだけ没頭できた。

もちろんそれまでも中学校に歌舞伎クラブをつくって、保存会の仲間たちと一緒に指導したり、若い人に声をかけては保存会に勧誘したり、熱心に活動してきたのだが、一段と時間を割けるようになったのである。

舞台の支度ひとつとっても、衣装をどこでリースしてくるのか、顔師（化粧担当）はどうするか、電話一本で手はずが整うというわけではない。昔の歌舞伎がさかんだった時代ならいざしらず、廃れつつある中で手配するのは相当大変だったようだ。

芸事はやはり観客の前で演じてこそ上達する。苦労はあっても公演は続けなくてはいけない。そんな思いも小池さんには強かったのではないかと思う。

各地の専門業者に顔が利き、竹本巴妙として三味線を弾いて義太夫までこなす小池さんが力を尽くしたから、下條歌舞伎は復活できた。そう言っても過言ではない。

受け継がれる郷土の芸能文化

失礼かもしれないが、もし小池さんが村長に就任していたら、ここまで歌舞伎に力は注げなかったんじゃないかなと思うのだ。

それというのも村長はかなりの激務だから、自由になる時間はきわめて少ない。土日もほとんど各地区の会合などに呼ばれるというから、歌舞伎にばかり関わっているわけにはいかない。となると、村の特長がひとつ失われていた可能性は高い。

子どもたちが、自分たちの村の伝統芸能に取り組めるようになったのは、やはり小池さんの存在が大きかった。

下條村で育った子どもたちが大人になったとき、「村では友だちとみんなで歌舞伎を教わったなぁ」と思い出せるのは素晴らしいことだ。

村を離れて遠くにいるかもしれない。都会や外国で暮らしているかもしれない。でも、折に触れて思い出すはずだ。自分の奥さんとかご主人、子どもたちに、話したり写真を見せてやったりもできるだろう。

もちろん、ずっと村にいて歌舞伎を続けてくれるとありがたいし、将来、帰ってきてまたメンバーになるのもいい。そうやって郷土の芸能文化が脈々と受け継がれていってほしいと、私も心から願っている。

何度も同じことを述べているようだが、歌舞伎を通じていろんな世代の人と触れ合って、みんな顔なじみになっていく。やはりそこには田舎のいいところが詰まっている。

小池さんが情熱を傾けた歌舞伎に取り組んでいるのは、喜平さの改革によって増えてきた村の子どもたち。不思議な役割分担ができあがっているように見える。示し合わせたわけではないだろう。村を二つに割った選挙戦の後、両陣営はどうにか和解したのか、それとも時間が解決したのか東京にいた私はよくわからない。「大人になれる」下條村の人々ゆえに、いつのまにかまとまるところに落ち着いたのかもしれない。

だが、住民が明るく誇りを持って暮らしていけるような村の基盤をつくった功労者は、間違いなくこの二人だろう。

小池さんは、村会議員を辞めてから本格的に義太夫を習い始めたのだそうだ。八〇歳になっても熱意は衰えずお師匠さんの元に通っていたそうだが、二〇一三年冬、義太夫の稽古の直後に倒れ亡くなった。三味線を抱えたままだったと聞いた。

ご冥福を心よりお祈りいたします。

〈「孫ターン」した甥っ子〉

何度か名前の出てきた私の甥っ子、役場職員の齋藤充も下條歌舞伎保存会に入っている。

「役場に入って二年くらい経ってからだったと思います。保存会の会長さんに『入れてください』とお願いました。子どものころから下條歌舞伎を見ていたわけではないんだけれど、やりたかったので。おれ、へたくそだけど嫌いじゃないんですよ」

彼から見ると曽祖父や大おじ、おじも熱心に歌舞伎をやっていたから〝芸能の血筋〟に目覚めたのかもしれない。

彼が生まれ育ったのは、実は茨城県である。父親（私の次兄。養子に入ったので齋藤姓）がずっと茨城県で勤務していたからだ。ただ、小学生のころの夏休み、冬休み、春休みは、必ずと言っていいくらい両親の郷里である下條村に来ていた。三人兄弟なのだが、子どもだけで電車に乗って来たことは何度もあったらしい。

「中学生になると部活があって長くは来られなくなったので、小学生のときですね。休みが終わって茨城に帰るときなんか『帰りたくないな』と泣けちゃって、泣けちゃって。今考えると、何で泣いたのかなと思うんですけどね」

過疎化が進んでいるから、友だちになるような子どもは近所に二、三人いるかどうか。もっぱら兄弟で遊んでいた。自然環境は最高だけれども、何に惹きつけられたのか、本人もはっきりとはわからないらしい。でも、それが郷土愛というものかもしれない。

大学四年生になったとき、下條村に住もうかと思うようになったという。

「公務員もいいかなと思っとったんですけど。祖母が一人暮らしをしとったんで、採用がなくても、下條村に来ようと思う気持ちになってきました」

役場で退職者が相次いだことから、八年ぶりの新卒として採用されて「孫ターン」の先鞭をつけたのだった。親は故郷を離れたままなのに、孫が帰るのが「孫ターン」だ。下條村に今はときどきいるそうだが、当時はまだ珍しかった。

ともあれ、下條村の住人になり、結婚もして地元に根を張って暮らしている。両親も定年になってから下條村に帰ってきた。

齋藤充は、今、下條歌舞伎で立役（男の善人＝敵役ではない人物）の中心的な存在で、子ども歌舞伎や中学校の歌舞伎クラブにも関わっている。カッセイカマンでもステージに立っていたし、道の駅でのイベントにカッセイカマンを登場させて下條村がローカルヒーローの聖地となっていく手伝いをしたことは先にも触れた。

下條歌舞伎とカッセイカマン、下條村で人が集まり存続していくものには、共通するところがきっとあるのだ。

〈「住民みんなが参加する村づくり」へ〉

福祉課に異動して一〇年、齋藤充はボランティアの育成などで「村のみんなが自発的に関われるような方法」を模索しているらしい。喜平さに鍛えられた役場の職員だから、予算ありきでお金を配分するような仕事よりも、自分から動いて村の人たちを巻き込んでいくようなことにやりがいを感じているようだ。

「ちょっとバカになって自分で動いてけば、誰か感じてくれる人がおるかなと思いながらやってます。若干、突っ走り気味は気味ですけど」

最近、手がけているのは防災関係の〝支え合いマップ〟だという。たとえば大きな地震が起きたとき、お年寄りや障害者といった災害弱者がどこにいて、ここの家には誰が安否確認に行って、避難先はどこ、とあらかじめ決めておこうというもの。

「ボランティア協会っていう、災害のことを勉強してらっしゃる団体にお願いして、全地区、全住民対象でマップをつくろうとしています。補助金を取ってきて、避難所になる集会所の窓ガラスには、震度六強で割れたときに備えて飛散防止のフィルムを貼る」

すでに集会所の窓ガラスには、だいたい貼り終えたのだそうだ。ボランティア協会の人やその地区の人、さらに彼自身も専門業者に加わって作業をしたという。

「作業しながら『保育園、小中学校の体育館も、公共施設にも貼ろう、みんなでやろう』と言っていると、役場は本気だなと伝わっていく。貼り終えたら『整備したで、見て』って。地区の人も巻き込んで、後継者も増えるかなあと思ってます」

彼の話を聞いていて、村長の喜平さが下條村にもたらした最大の変革は「住民みんなが参加する村づくり」を実現したことではないかと思った。

「住民みんなが参加する村づくり」は、ある意味で理想だし聞こえもいい。ただし、掲げるのは簡単でも、実際に行うとなると、具体的にどうするのか、どこから手をつけるのかが問われることになる。

喜平さが取り組んだ手順をもう一度示しておこう。

まず「隗より始めよ」という言葉の通り、職員の意識改革を徹底して行い、続いて村の住民たちにも汗をかいてもらった。同時に「村にはカネがない、子どももいない、このままでは村が消滅する」と、住民の危機意識に訴え続けた。

実際に行動を起こしたわけだ。その結果、自分たちでつくった道路が増え、村の財政は好転、子どもの数も増えてくるという「目に見える成果」が出てきた。

そうすると、住民はますますやる気になる。みんなが参加すると村はよくなる、住みやすくなる。その好循環が続くように、職員と住民に「自分たちがやるんだ」という意識を植え付けたのである。

〈人を育てる〉

「地域づくりは全員でやらなければならない。と同時に、基本は人づくりにある」と、喜平さは強調する。

たしかに今、「住民みんなが参加する村づくり」はうまくいっているように見える。でも「よかった。うまくいった」と満足して、そのまま放置していたら、遠からずまた他人任せになってしまうだろう。

継続するためには次世代を育てることが欠かせない。つまり、子どもたちが「将来は自分たちも社会に参加するんだ」と理解して、準備するような教育が必要だと喜平さは考えたのだ。

「それも子育て支援の一環なのだ」という。世の中との接し方とか、それぞれが他者のために何かをするから社会が成り立っていることを教えることが大切だというのである。

だから学校に協力してもらって、村独自の取り組みをしている。

たとえば下條中学校の三年生は、生徒会活動の一環として、議会の場で村に提案する機会がある。先生と生徒たちでテーマを複数挙げて、生徒たちは放課後に約一か月かけて現場に足を運んで踏査し、さまざまな資料をもとに議会で質問したり提案したりする。

「図書館はうまくやっている」とか「温泉は利用客がなかなか増えていない」とか、要点をズバリとついてくるから実に迫力ある議会になるのだそうだ。

これに対して村長が答弁するのは、本物の議会のときと同様。さらに数日後、整理した文書にして生徒会長あてに返送するのだそうだ。その文書には「一の案件は、一か月以内に必ず要望に応えます」「二の案件は県と打ち合わせが必要なので三か月くらいかかりますが、たぶん大丈夫でしょう」などと記されている。

このような体験を通じて生徒たちは、自分たちが調べ上げ、提案した問題について、責任ある具体的な対応をしてくれたことを実感していく。こうしたことを何年も続けていく中で、村に関心を持ち、いつのまにか彼らも村づくりの主役に育っていくのだという。

もっともこれは、下條村の将来を担うためというばかりではないだろう。どこにいても、社会を支える一人前の大人になれるように、子どもたちを育てようとしているのだ。

下条村の中学三年生は、議会での提案に加えてもうひとつ、社会を体験する機会がある。村内の企業の訪問研修をして「働く」とはどういうことなのか実地で学ぶのだ。

その感想文を読むのを楽しみにしていたという喜平さが、「何年も前だが、忘れられない感想文があった」という。

「お父さんごめんなさい」と題した、女子生徒の作文だった。こんな内容だ。

その女子生徒は、お父さんを「毛虫よりも嫌い！」と思っていたのだそうだ。お母さんは一日農作業をした後、夕食の支度をしているというのに、お父さんは、仕事から帰ってくるとテレビの前にごろんと横になったまま、何も手伝おうともしない。本当にダメおやじだと思っていたという。

訪問研修で、たまたまお父さんの勤めている企業に行った彼女は愕然とした。

お父さんはあの重い安全靴を履いて、チームリーダーとして七〜八人の部下に指示を出しながら走り回るようにして働いている。あんなことを毎日八時間も九時間もやっていたら、お父さんは死んでしまうだろう。

そんなこともわからずに毛虫よりも嫌いと思っていて本当にごめんなさい。今さら言葉に出しては言えないけれど、これからは態度で示したい。心から謝りたい。

そんなことが書いてあったのだそうだ。

たしかにこれを学校で教えろといっても難しい。先生が黒板に書いても、活字で読ませても、彼女はお父さんの姿を理解できないだろう。

「下條村を出るにせよ残るにせよ、成長していけば新しい世界に出て行くことになる。厚い壁に突き当たることもあるだろうし、安易な誘惑もあるかもしれない。だが、こんな作文を書いてくれた彼女は『私がこんなところでへこたれたり、横道にそれたりしていたら、お父さんやお母さん、ふるさとに顔向けできないじゃないか』と思ってくれると信じているんだ」

喜平さの言う「人づくり」とは、そういうことを指している。

〈下条村の将来〉

二〇一六年七月二四日、喜平さは六期二四年間務めた村長を退任した。

実質公債費比率は全国最低（つまり最優秀）レベル、しかも村には貯金が七〇億円近くあるという超健全財政を実現、全国平均を大きく上回る出生率を達成して「子どもの声が響く村づくり」へと近づけるという大きな実績を残して。

「そろそろ代わってやらんといかん」と言いながらも、「八一歳というのは八一歳だ、やっぱり。若い者がうらやましい」と、情熱は尽きそうにもない。

衰退は確実と思われていた過疎の村を、劇的に変貌させた喜平さの手腕は、やはりすごかった。もちろん下条村の〝V字回復〟は、村長一人でできたわけではない。喜平さの要求やアイデアに応えた職員や住民の力があってのこと。これは大いに誇っていい。

あらためて言うまでもないことだが、これが完成型というわけではない。

村を取り巻く状況は日々変わるし、人は毎年ひとつずつ年齢を重ねて立場も状況も変わっていく。「人口が増えてよかった」「日本中から目標にされるすごい村になった」と油断してはいられないことぐらい、みんなよくわかっていると思う。職員たち、住民たちの器量が問われるのはこれからだ。

村政の第一線から退いた喜平さが檄をとばす。

「二〇一四年、日本創成会議が『消滅可能性都市』を提議したが、あれは現実だ。脅しだなんて思ってちゃいけない。何が起きているのか一刻も早く感知して、底上げすることが大切なんだ」

実際、一時期ずっと増えてきた下條村の人口だが、今、若干減少傾向にある。

俊明くんが数字を挙げる。

「村長四期目の二〇〇五年には四二〇〇人を超えたんだけど、二〇一五年に再び四〇〇〇人を割り込んだ。同じような対策を近隣の自治体が始めたという理由が大きいんだけど」

「若者に住んでもらう競争が激化したということ?」

「そう。だから先行してきた下條村では、若者定住促進住宅(メゾンコスモス)の新規着工をストップして様子を見ている」

一世帯の子どもは多くても三人で、今どき四人も五人もつくらないから、メゾンコスモスの戸数が増えなければ、人口も増えないのである。村で生まれ育った子どもが、次の子育て世代になるまで、まだしばらく時間がかかる。もちろん、どれだけ多くの人たちが村に残ったりUターンしたりしてくれるかにもかかっている。

となると次の段階を見据えた作戦が必要になる。喜平さが、こんな提言をしていた。

「長野県の軽井沢町では移住して東京へ新幹線通勤する人が増えている。これはどういうことか考えてみるといい。大都市は利便性がよくて仕事も刺激もあるけれど生活費がかかる。子育ての環境だってよくない。ならば、田舎に住んで都会に通えばいいという考えが出てくる。幸い、飯田にはリニア中央新幹線がやってくる」

新幹線のような交通体系を整備するのは国の仕事だけれども、これを生かすのは自治体レベルなのだから、うまく使えというのである。

「リニア中央新幹線は二〇二七年に東京（品川）～名古屋間で開業が予定されている。東京まで約四〇分、名古屋まで約二〇分で結ばれるんだ。名古屋はもちろん、東京でさえも通勤が可能になる。所要時間が約一時間二〇分の軽井沢から東京に、新幹線通勤する人は二〇〇～三〇〇人くらいいると聞いたことがある。ならば、住みやすく、子育てしやすい下條村に住居を構えたいという人だって一〇〇人、二〇〇人と現れて不思議はない」

言われてみればたしかにその通りだ。働き方だって昭和のころとは大きく変わっている。住まいのあり方も村人の通勤圏も、旧来の常識にとらわれる必要はない。

「飯田駅の周りは一面の田んぼにしろと言ってたんだ。トンネルばかりで地下鉄のようなリニアで、飯田で降りると日本の原風景のようなきれいな山里が広がっていたら、海外からの観光客にものすごくアピールできる。それが品川から四〇分だ。このくらいのことはしたっていいんだ」

できることはまだまだある、自治体はもっと知恵を使えと喜平さは若い世代に発破をかける。

ライバルになる自治体も日本中に現れるだろう。ただ、下條村には先頭ランナーとしてさまざまなアイデアを実現してきた蓄積がある。約七〇億円もの〝貯金〟もある。それを生かすためにも、知恵と実行力が求められている。

〈愛着の持てるふるさと〉

「着眼大局、着手小局」という言葉がある。

囲碁の世界の言葉らしいが、ものごとは大きく全体を見て本質をとらえること、そして具体的に小さなことから手をつけていくことを教えている。将来まで見通して大きな計画を考えながら、今、必要な小さなことから手をつけていく。

喜平さも、村長として「紙を一枚一枚積み重ねるように、ただ愚直にやってきた」と言っていた。妙手、奇策に見えても、こつこつと打てる手を打ってきたのだった。

喜平さに鍛えられてプロフェッショナルになった役場の職員には釈迦に説法かもしれない。村では将来の人口をシミュレーションしていて、存続に関わるような急激な減少にはならないような対策をいくつも考えているそうだ。

「すでに実施されているものもあるよ」と俊明くんが言う。

「新卒の就職者が下條村に住むと一〇万円、五年以上の定住のために県外、郡外から転入してきた世帯には二〇万円の支度金が支給される。これはＵターンもＯＫ。住宅用の土地を買ったり造成したりしたときは、上限一〇〇万円で五〇％を補助。住宅を新築や増改築したときには一〇%の補助（上限として新築一〇〇万円、改築五〇万円）もあるんだ」

年齢などの条件はあるもののメゾンコスモスの入居者が、村内に家を建てることを想定していて、実際によく利用されているのだそうだ。これ、将来の〝リニア移住〟でも好評を博すのではないだろうか。

これらもすべて、全国でもトップクラスの健全財政だからできることだ。

そういえば喜平さ、何度も何度も「カネがなかったら何にもできない」と、口癖のように言っていたな。

喜平さの話を聞き、俊明くんたち村の職員や住民の人と話したり、調べたりしていて感じたことがある。職員にも住民にも、いい意味でのプライドがあるのだ。

もちろん鼻が高くなって威張るとか、偉ぶるとかではない（そもそも下條村の人は、そんなことは苦手だし）。

役場の職員はプロフェッショナルの集団であり、住民たちは自分たちで道路や水路をつくり、浮いた資金を若者定住と子育て支援に回して人口増加が実現したのだ。誰もがすごいことを成し遂げた、という自負心を持っている。顔を見知った人とちゃんと言葉を交わして、みんな村の一員、地域に参加しているという感覚が育っている。下條歌舞伎のような郷土の文化を受け継いで守っているということも大きい。みんなふるさとに愛着を持っている。

自分たちは全国的に注目されている「ブランドの村」で働いている、住んでいるという喜びなのだと思う。村にいる人はもちろん、私のように遠く離れた場所にいる人たちにとっても、ふるさとの好調ぶりが聞こえてくると明るい気持ちになる。

この本を読んでくださったみなさん、ぜひ一度、下條村を訪ねてみてほしい。きっと下條村のファンになってもらえるんじゃないかなと思っている。

そして「どんな村ですか？」と、誰かに聞いてみてほしい。

村の特徴や観光地、特産品などを教えてくれた後、きっとこう付け加えるはずである。

「いい村だに」と。

著者紹介

峰 竜太

1952年長野県下伊那郡下條村生まれ。2013年、長野県観光大使第一号に就任。司会・役者・ラジオパーソナリティとして活躍中。

“喜平《きへい》さ”がつくった奇跡の村

2017年11月25日　第1刷発行

著　者　峰 竜太
発行者　見城 徹
発行所　株式会社 幻冬舎
〒151-0051東京都渋谷区千駄ヶ谷4-9-7
電話　03(5411)6211(編集)
03(5411)6222(営業)
振替00120-8-767643
印刷・製本　図書印刷株式会社

検印廃止

Printed in Japan
ISBN978-4-344-03212-5　C0095
幻冬舎ホームページアドレス　http://www.gentosha.co.jp/

この本に関するご意見・ご感想をメールでお寄せいただく場合は、
comment@gentosha.co.jpまで。